Glenda Benning

Mark Galsworthy

Die Ouvertüre des Todes

sterben und gestorben werden

Umschlaggestaltung:

Morgana Freundt, Berlin

Herstellung und Verlag:

Books on Demand GmbH, Norderstedt

ISBN 978-3-8423-8480-4

Hermann Niemeier

Als ich an einem Scheideweg in meinem Leben war, lernte ich wirkliche Freundschaft kennen. Darum widme ich meine Gedichte,einem Menschen, der mich auf meine Fähigkeiten hinwies, mich unterstützte und mir half meine Verletzungen, obwohl er selber sehr verletzt, zu heilen. Er war der Mensch der mir zuhörte,wenn ich ihm vorlas, mit mir weinte,nie urteilte oder verurteilte. Selber sehr krank,doch dankbar für jeden Augenblickund die Wege die wir gemeinsam gingen. Der alles verstand und sein Leben im fortgeschrittenen Alter trotzdem sehr genoss.

Er war mir Vater,Freund und an seinem Ende, in meinem Arm zu meinem Kind geworden.

Durch ihn weiß ich, dass Sterben etwas Erhabenes ist, nichts ist da, wovor man Angst haben muß. Obwohl ich auch anderes Sterben, von nahen Angehörigen erlebte, hat mich seine Lebensphilosophie und sein friedvoller Tod ausgesöhnt,mit meinen doch schweren Erlebnissen. Er hat mich dazu angehalten zu schreiben,weiter zu machen. In Allem. Und mich auf einen guten Weg geführt.

In Zuneigung und Erinnerung an einen guten Freund

Glenda Benning

Meiner Biene

1996 – 2011

Die Kuhle im Bett ist noch da,
die Du gelegen.
Die Kuhle in unseren Herzen bleibt,
die Deine Liebe geschaffen.
Die Kuhle in unserer Erinnerung wird immer da sein,
die Du geschaffen, als Du uns 15 Jahre begleitetest.

Mark Galsworthy

Mein besonderer Dank gilt
Christel und Morgana
für die tatkräftige Unterstützung

.

Inhalt

Des Lebens müde

Des Lebens müde

Was weißt du über den Tod?
Bist du ausgelöscht wenn du
die Augen schließt?

Was macht dir nur so Angst?
Denn niemand weiß so recht ,
um seinen Grund.
warum er schleichend,leise
deine letzte Kraft,
dir nimmt.

Nur gehört hast du von ihm.
Von fern,
das Sterben
rund herum gesehen.
Die Schmerzen mitgefühlt,
gelitten.

Die letzte Schwelle,
aber nicht beschritten,
die zum Abgrund führt.
Dieses Silberband
noch nicht zerrissen.

Du hast keine Ahnung
vom Danach,
von diesem Nichtsein.

Dieses Fallen in das Bodenlose.
Wer fängt dich auf?
Wird ein Gericht sein?

Gibt es diese Engelscharen?
Und dieses Licht,
wird es mir leuchten?
Und warum war ich
und bin nun ....Was?

Ist er,
der Tod
vielleicht mein größtes Gut?
Und mein Leib,
schon längst ein Grab
und ungeliebter Ort
meiner Seele?

Mein Seelenvogel,
mit dunkler Last
und immer wieder
neuer Qual,
der eigenen Geheimnisse,
aus Urzeiten eingefangen,
entstand daraus mir,
meine Seelennot?

Vom leben meines Lebens satt,
schließe ich meine Augen,
matt
Ich will ja fallen und bejahe,
mein ewig währendes Los.

Und doch
dann wieder wissend,
in meiner mir bestimmten
Ewigkeit zu ruhen.
In deinem mir ,
die grausamen Schmerzen
mildernden Schoß.

Komm du großes,
letztes
Geheimnis,
komm du müder Tod.

G.B.

Der müde Tod

Wenn öde dir die Tage scheinen,
was nützt dir da in allen
Jahren heiß,der Tränenfluß,
da er auch mal versiegen muß.

Und wenn du weilest in den
wunderschönsten Tagen,
dein schmerzhaft Sehnen,
doch einmal entsagen muß.

Dein Herz,das wird dir
eingebunden,den einzig
wahren Schatz den du
verlorst,in deiner Liebe
aufbewahren und auch den
süssen Abschiedskuss.

G.B.

Der Falke flog

Was einmal
im Jahre 1600 begann,
beendete mein Glück,
Ein Falke flog
zu einer Insel,
über das weite Meer.

Und Dave kam nicht mehr zurück,
aus einem Einsatz
ists schon so viele Jahre   her?
Immer noch brennen kummervolle
Fragen in mir.

In einem Sarg mit einer
Fahne bedeckt,
über das Rollfeld gefahren,
das war,was blieb von ihm.

Und mir meine aufgeschriebenen
Tagebuchseiten,die sein Leben
eingefangen hielten.
Ein Trost für mich,
doch änderts nichts,
man muß es aushalten,
bis man selbst es sieht,
dieses Licht,
das vorausgegangen

den Tod in Frage stellt,
denn nichts auf der Welt,
kann eine Liebe löschen,
die ein Herz gefühlt.
Nichts kann eine Liebe löschen,
die auch nach lang
vergangener Zeit
in einer Menschenseele wühlt,
die schmerzvoll lernen mußte,
nicht zu hassen.

G.B.

Vorahnungen

Diese Wehmut im Herzen,
konnte nicht mehr schlafen,
nicht diese aufkommende
morgentliche Helligkeit ertragen.
Wie eine Stimme war`s in mir
wollte mir ein Geschehen sagen,
das erst in den nächsten Stunden geschah.
Dunkle Ahnung und Angst es innerlich längst sah.

Unruhe erfüllte mein Denken.
Um den, der mein Seelenfreund war,
begann ich mich zu sorgen.
Dieses mulmige Gefühl in mir
konnt`s fast nicht ertragen.

Ob`s beten, bitten war?
So unwirklich schien mir meine Frage.
Könntet ihr Engel,
nicht Antwort mir sagen?
Beunruhigt am Fenster lehnend
schaute ich hoch ins noch dunkle Blau.

Da erschienen am Firmanent weiße Fetzen,
die sich zu einem Wolkenengel zusammensetzten.

Wie mit weit ausgebreiteten Flügeln,
so rein und weiß, hatten sie sich gebildet.

Und da wo ein Herz hat seinen Platz,
eine kleine Kugel,
in allen Regenbogenfarben, glitzerte
wie ein traumhafter Schatz.

Atemlos sah ich auf dieses Geschehen
Erfasst mit Schaudern fast, was da vor mir erschien.
Konnt es mir wiederum nicht recht erklären,
was da vor meinen Augen wundersam geschah.
Minutenlang war für mich der echte Himmel offen,
und durfte ich dieses Engelwunder sehen.
Doch war es nur Sekundentraum.
War sehr berührt.
Sah nun wie langsam,
die glitzernde Kugel verging,
das Engelwolkengebilde den Kopf dann senkte
und sich ergab.

Um die Bedeutung weiß ich nun,
sie gab mir Wissen am anderen Tag.
Der, an den ich denke, an manchen Tag,
war in großer Gefahr.

Doch die Engel waren bei ihm,
er durfte diesen Schutz erfahren.
In mir ist dieses Geschehen immer noch,
so klar.
Ein Engelwissen wunderbar,
so nah.

G.B.

Wolkenengel

Vorahnungen lang ist's her
Doch manchmal
geschieht es,
als wenn es
gerade jetzt...passiert :-(((

Diese Wehmut im Herzen,
konnte nicht mehr schlafen,
nicht diese aufkommende
morgentliche Helligkeit
ertragen.

Wie eine Stimme war`s in mir
wollte mir ein Geschehen sagen,

das erst in den
nächsten Stunden geschah.
Dunkle Ahnung und Angst
es innerlich längst sah.

Unruhe erfüllte
mein Denken.

Um den,
der mein Seelenfreund war,
begann...

G.B.

Ein Anfang?

Ein Ende
soll es haben,
mit den Zweifeln an dir selbst.
Dein Glauben,
an dumme Sprüche,
der Anderen..
Ein Ende soll sein,
mit der Verletzbarkeit
deines Inneren
und deine Narben
sollen endlich verheilen...
Am Ende,
da will ich stehen,
bei Dir
und diesen aufgesparten Dreck
in Dir
mit einem eisernen Willen
aus deiner Seele fegen,
dass du wieder lachen sollst.

Wie es gedacht war.

G.B.

Ein Sommertag

Shice auf die Welt
um uns herum.
"Was solls, wir tanzen jetzt".
hast du gesagt.

Es war dein letzter Gruß.

Renn mit mir nun selbst
um die Wette,
Laufe täglich meine Runde
im Park..
Kanns nicht mehr lassen,
dies Denken an dich.

Ein Flieger am Himmel,
entferntes Geräusch.
Es trifft mich so hart.
Bin ich es gewesen,
die dich so enttäuscht?
Bleib steh' n an meiner Bank
mein Atem so schwer,
mein Inneres liegt so blank.

Ich warte und warte.
doch nichts geschieht
Ich will das nicht spüren,
wollt niemand gehören.
Dreh meine Runden, ausser Atem.

Mach die Musik lauter,
der Player schreit in mein Ohr.
Betäubt mich.
Hör den Song.Unser Lied.

Bin der goldene Reiter,
der in die Sonne geriet.
Lass mir die Flügel verbrennen,
aber es nützt mir nichts,
dagegen anzurennen.
Und ich laufe weiter und weiter.

Meinen Baum in voller Blüte
von Ferne ich seh,
mein Traumbaum,
umarmt wie oft,
der Stamm aber blutet,

Und riech seinen Duft.
Noch einmal in voller Blüte er,
so seinen Lebenssaft verströmt.
Seinen Schmerz, den ich spür,
eigene Erinnerung ruft.

Ach dieses Denken,es ist so hart,
dreh meine Runde im Park,
Meine Sehnsucht
gilt dem verlorenen,magischen Licht.
Rufe meinen Engel,
doch er meldet sich nicht.

G.B.

Am See

Ich fand meinen Platz.
Immer wieder zog es mich hierher.
Dieser wunderschöne Baum.
Eine Trauerweide.
Stand sie doch hier,
nur für mich?
Dieser Platz,
wie oft hatte ich
ihn geträumt.

Eines Tag`s
schlafwandlerisch gefunden.
Ein magischer Kreis.
Er blieb immer frei.
War er gedacht,
für mich?

Ich lehnte mich an ihn.
Dieser Stamm war wie ich.
Er schien mir stark
und schwach zugleich.
Meine Stirn drückte sich in seine Rinde.
Ich fühlte stärkend seine Magie.
Ich fühlte mich,
meine neue Energie
Hier stand ich oft mit Allister,
nahm auch Abschied von ihm,

für einige Zeit.
Hier loderte das kleine Feuer,
um uns zu wärmen
in der Nacht.

Wie oft in milden Sommertagen,
habe ich mir beschützt von ihm
hier meine Traumwiege gemacht.
Mein wunderschöner Rappe.
Dein Kopf knabbernd an meinem Ohr,
las ich so oft dir meine Gedanken vor.

Es gibt ein Wiedersehen,
so hoffe ich...
Ich lass dich nicht gerne gehen,
aber es ist nun mal
wie es ist.
Du kommst bestimmt
als Sieger zurück.

Und ich vermisse so sehr schon jetzt,
deinen treuen, klugen Blick.
Und nun, da sitze ich hier allein,
versunken in mein vergangenes Leben,
lass auf mich wirken,
diesen Vorhang,
aus hängenden Zweigen,
in dem der Sonnenschein glitzert,
wie mit kleinen Sternen tanzend,
durch sein filigran scheinendes Laub.

Fühl mich so beschützt.
Und dieses Staunen
ist immer noch in mir.
Der Geruch des weichen, dunklen Wassers
und die leisen,schlagenden Wellen,
meines verwunschenen See`s,
das ist wahre reine Magie.
Ach,alte Sagen fallen mir ein,
vergangenes Geschehen um Artus.

Mein kleines Buch habe ich wie immer dabei,
ein kleiner Ritter ist dort abgebildet.
Wie ein Vasall für mich.
Eine Boe schlägt es auf.
Wirbeln herum unschuldig weiße Seiten,
wie eine Aufforderung an mich.

So schrieb ich nieder,wie ichs empfand.
Schaute in den klaren Himmel.
Ein Amethyst könnte nicht schöner leuchten.
Am duftig, frischen Himmel bildete sich ein
Wolkenberg,
der sich dort als weißer Drache voller Unschuld
zeigte,
so verzaubert, wunderschön anzusehen war.

Was brauch` ich denn von dieser lauten Welt?
Besitze ich doch so viel.

Den Wind,den Regen,
den warmen Schein der Sonne.
Meinen Mond und seinen Morgenstern.

Und den Schnee,
der alles was im letzten Sommer geschah,
mit seinem reinen ‚weißen Tuch bedeckt.

Ein Echo hallt in mir,
doch nur die Zuneigung eines Menschen.
Ich las laut, was ich schrieb.

Aufgewühlt lief ich ins golden schimmernde
Wasser.
Warf mich in die Fluten.
Ich schwamm, kraulte,drehte mich wie ein Otter
in der ersten fühlenden Kälte des Wassers.
Es betäubte mich bleiern.
Und plötzlich brach es aus mir heraus.
Wütende Tränen vermischten sich,
mit dem Nass des tiefen See`s.

Wie ein Fisch aus Urzeiten,
bewegte ich mich durch die Fluten.
Die Tränen versiegten aber nicht.
Ein Schluchzen brach gurgelnd,
aus meiner Kehle.

Diese faden Jahre....
Warum waren sie da?
Doch auch Antwort kam auch sogleich.
Der Mensch häutet sich.
Immer wieder.
Bis zum Vorschein kommt,wer er wirklich ist.

So klar und berauscht,
ob meines Denkens,
lief ich zum Baum.

Zu diesem Platz der mich inspiriert.
Ja, in diesem Sommer ohne Allister,
der meine Muse ist.
Und schrieb meinen
Brief aus tiefempfundener Liebe
an ihn,den ich auch so sehr vermisse.
Und es erst nicht glauben konnt`

kann`s wieder;
in mir klingt es wie ein heimlicher Sieg.
Lieben....

Doch lesen wird er ihn wohl nie.

G.B.

Archäologie

Wenn ich endlich groß geworden,
und mich vollgelernt mit Wissen.
Ich wollt dann wohl erfahren,
was ich erträumt,
in meines Bettes Kissen.

Erforschen nun Ägyptens Plan.
Geheimnisse lüften
und Schätze heben ,
die nie gefunden waren.

Und Thesen geben,
wie es in dieser Zeit wohl war.
Aus Hyroglyphen ,
Zeichen lesen.

Welch schönes Kind,
wohl mal dies goldene
Kleinod trug?
Ob..s auch geliebt,
gelernt zu hassen?

Viel tausend Jahre altes,
Gold,Geschmeide,
durch meine Hände
gleiten lassen.

Umwickelt Gebein,
mit Sorgfalt
zur ewigen Ruhe gelegt.

Ob dieses Menschenkind,
die gleichen Wünsche gehegt?

Es war ja auch mal
 Fleisch und Blut.
Hat sich die Welt,
bis heut verändert?

Gibts nicht die gleichen Kämpfe,
um Hab und Gut?
War es nicht damals auch schon so?
Mehr zu haben ,und besser zu sein ,
ein großes Ziel im Sinn
um Große Taten vollbringen
und Helden spielen.
Irgendwo.

Ruhm und Ehre,
Kriegsgeklirre,Säbelrasseln.
Helme flirren.
Mütter weinen.
Frauen stöhnen.
Kinder traurig' Blick im Aug.
Hunger ,Durst verwandelt Seele
die erst in feinen Kleidern war.
Nun schlägt sie sich um Wasser,Brot,
die ausgemergelt`
hohle Maske.

In dunklen Augen sitzt die Gier.
Will leben,leben,leben,
nun gibts nur ich ,kein wir.
Und stößt und drängt,
 den Anderen fort,
der auch vor Hunger,
schlägt und tritt.

War´s immer schon,
dies` Treten ,Schlagen?
Dies Schlachten ,Morden ?
Ist's in uns?
Warum dies` Forschen,
nach altem Wissen fragen?

Warum dies` Sammeln,
von altem Gebein?
So nehmt zur Kenntnis,
diese These:

"Die Menschheit wird nie anders sein!"

G.B.

Die Zahl der Tränen

Sie sind ,wie in der Wüste,
der feine Sand .
Und auch das Meer,
in das der Tränen Flut,
sich manchen Tag,ergab,
vermag die Zahl ,
dir nicht zu sagen.

Nie wirst du die Summe erfahren,
die unterm Striche steht.
Wie oft du deine Seele losgelassen.
Wie du der Pein die du fühltest,
Ausdruck gabst.

Seele,
begab sich in Materie.
Nichts auf der Welt
ist wie der Schmerz
und die Freude
fähig,dieses zu tun.

Wenn du gelacht,
von Herzen,
erahntest du schon
den nächsten Augenblick
der Schmerzen,
weil auch die Träne
schon
dein Aug` umhüllte.

Gelacht,geweint.
Lass los,das ist der Sinn.
Ewiges Yang und Ying.

G.B.

Efeunatur

Ich laufe so gerne über Friedhöfe
der Grund wird mir grade erst klar.
Was ich nachts allerdings so tue,
ist wohl eher luzid.
Eckzähne werden auch immer spitzer.
Aus Kleidung,plötzlich ausgemerzt diese
schreiende
Buntheit.....
Mein halblanges Haar
war eines morgens verwandelt...
Und ich sah,das es gut war...
Bläuliches Schwarz ist mein Favorit.
Etwas bleiches, mondbeschienenes Weiß noch,
Lippgloss aus dunklem Rot,
wie fließendes Blut.
Brauch mir nicht mehr
in die eigenen Handgelenke zu beißen.
Reißende Begierde fühlend,
Blutlust verspürend.
Meine Nägel werden um Mitternacht
zu silbernen Krallen.
Wenn der Mond hervorgeistert,
ist mein Mund zum Kuss bereit.
Ich beiße,weil ich beißen muß.
Wer das ist,
bleibt auch mir geheim,

Der Morgen jedoch deckt
die grausigen Stunden der Nacht,
mit einer seidigen,
feuchten Modrigkeit zu,
Aber ein Gefühl ist in mir,
so nice,das ich es nicht aushalte,
bis es endlich wieder so bläulich,
dunkel wird....

Ich bin ein schlummernder,
träumender, umherflatternder,
unruhiger Nachtfalter,
der ab und an in einem
grauen trüben Wald tanzt.
Der auch traurige Balladen singen kann.
So heiser von Tränen und doch
mit einer ungestillten Sehnsucht
nach warmen, für mich,
leise pulsierendem Blut.

Mein Cocon ist versteckt,
im Efeu.
Ich entfalte mich ,immer wieder neu.
Jede Nacht,jede Nacht,
jede so verdammte,
einsame Nacht.

G.B.

Nullbock

Diese Düsterheit....
Will doch noch keinen
Abschied...
Stimme leicht gedämpft,
beruhigendes Streicheln.
Verlorener Blick,
umsonst gekämpft.
Trauervolle Machtlosigkeit.
Gerade stehst du wieder
einmal neben dir.
Du möchtest gerne helfen,
alles geben.
Doch mußt du wieder einmal
Abschied nehmen.
Eine Wahrheit aber
steht im Raum
und macht dir etwas Mut,
die Zeit danach
gedankenvoll zu leben.
Gerecht gehts nur im Tode zu,
denn niemand kann sich
„Weiterleben" kaufen.
Und heiße Tränen
die dir über Wangen laufen,
erlösen dich von Trauer,
Pein und Wut.

Und baust in dir
nun eine Mauer
innerer Stärke auf,
indem du trotzig denkst.

Der Tod,
der soll nur weiterlaufen.
Ich kann ihn,will ihn
jetzt noch nicht
gebrauchen.
Der soll ruhig woanders
seine Runden drehn.
Hab null Bock auf ihn.
Hab meinen besten Freund....
gerade elend sterben sehn.
Mein Leben will ich darum
endlich genießen.
Noch alle Wunder erleben und
in die Welt der Farben,Töne
eintauchen.
Das Salz aller Meere schmecken.
Liebe fühlen,
mich in herrlicher Lebenslust
ergießen.
Bei meinem Herrgott
einen Dispo erbitten.
Die Fülle
meines Lebens auskosten.
Mein Seelenkonto
einfach überziehen.

Er soll mich weiter
sinnen lassen.
Hier im Erdenrund,
einen Reim mir darauf machen,
warum sie so doch schön und bunt,
ein großes Wunder ist.
Trotz Schmerz und Leid,
den Sinn meines Daseins
zu erfassen.
Mit innerem Wissen
um den geheimen Bund,
meine Seele baumeln lassen.

Wenn ich genug hab...
und endlich satt,
von diesem schaurig,
schönen Leben bin,
sag ich dir
gruseligem Gesell
schon früh genug
Bescheid.

Ich täte es gerne,
dir in deinen knöchernen
hohläugigen Schädel speien.
Denn ich weiß nicht das Jahr,
den Tag und die Stunde,
wann ich auf meinem letzten
Gang werd sein.
Und darum hab ich vorgesorgt.

In so manchem Gebet erflehte
ich mein Seelenheil
von meinem Schöpfer.
Und bin bereit,
wenn Er an meine
Herzenstüre pocht.

Ja,wenn du willst,
du elender Sensenträger,
den Knochensack von mir,
den kannst du gerne haben.
Doch Zinsen zahle ich dir,
nie und nimmer.
Das Andere ,
was dir wichtig ist von mir,
ist längst schon fort.
Mit Zins und Zinseszins
gut angelegt,
bei dem All-Einen.
Du kannst den,
der höher steht als du,
gern nach meinem
Aktienpaket fragen.
So kann ich dir
hohnlachend sagen,
denn ich hab investiert.
Von meinem Engel
der immer bei mir war,
beschützt und
inspiriert.

In Liebe ,Treue und Glauben
und Hoffnung.
Er hat mein Seelenheil,
bewahrt.

Und diesen Schatz,
den wirst du niemals haben.
Ich lach dich aus
und nicht zu knapp,
und du
hast dann den Schaden.

G.B.

Die weiße Rose

Ich wollt
wie eine weiße Rose
dir erblühen.
Für dich,allein.
Ich wollt`
meinen eigenen Duft verströmen.
Nur für dich.
Ich wollt`,
dass du mich hältst,
in deiner Hand,
wie eine weiße Taube,
liebevoll beschützt.
Und niemand
meine weißen Flügel beschmutzt.
Ich wollt`
dass du auch meine Dornen spürst,
so annimmst wie ich bin.
Ich wollt sein,
immer bei dir nur allein.
Doch es war nur
ein Spiel.
Mehr Scheinen als Sein.
Die weiße Blüte
hatte niemals
deine Gunst.

Mein Duft,gehaucht,
für dich nur war er
nebelhafter Dunst.
Und so verwelke ich.
Umsonst den Duft versprüht.
Umsonst in Angst
um dich gelebt.
Nicht ein Dorn
blieb in deinem Herz.
Nichts
blieb von mir in dir.
Nicht ein Gedanke an mich.
Und was blieb mir?
Schwarz wurd meine Knospe
nun ,kein Duft mehr blieb
von mir.
Von deinem Dorn
mit einem Riss zerfetzt.
Mein Herz .
Nun fließt heraus
mein heißes dunkelrotes Blut.
An diesem Dorn,
gefühllos,
gedankenlos,
gebildet von dir,
sterbe ich...
in diesem Jetzt....
Und fühle keine Wut
noch Liebe mehr.

Es ist kein
Fühlen ,Schmerz mehr da,
unwichtig nun
was einst ich war.

G.B.

Die Krähe und das Boot

Ich bin wie ein stillliegendes Boot
an einem Ufer ...
Wann hatte ich festgemacht?
Ich weiß es garnicht mehr.

Wo sind die Wellen,
das tiefe Wasser eines
bewegten Meeres?
Wo ist der frische Wind,
der mich weiter treiben lässt?

Wo ist das Abenteuer
eines großen Sturmes?
Das Gefühl der
überschwenglichen Freude
und lebendige Neugier?
Wundervolle Überraschung,
Erwartung, vor sich selbst zu bestehen.
Eine Krähe kreist über mir,
sie krächst ein heiseres Lied.

"Wenn du dein Ruder verlorst,
einerlei.
Mache dir ein Segel
 und setze es erneut in den Wind,
nimm seinen Kurs.

Einerlei ist´s,wo du ankommst.
Und sei es im Schmerz,
denn du wirst endlich wieder fühlen,
dass du lebst."

"Wirf deinen Anker
in das Erleben.
Es gibt so vieles, was du
an Magie und Wundern noch nicht sahst.

Sei nicht dieses schlingernde, kleine Boot,
das sich in der Sicherheit eines Ufers wähnt.
Segle mit dem Wind und werde wie ich,
 die schwarzblaue Krähe.

Die das Leben sucht und immer wieder
neu findet.

Und für immer lebt.

G.B.

Die Windmühle

Die Windmühle drehte sich in der leichten Brise, und die Farben ihrer Flügel leuchteten in der Herbstsonne.

Eigentlich wollte sie sie ja längst weggeräumt haben, und warum sie noch dort stand, wußte sie eigentlich nicht.

Versonnen beobachtete sie das Farbenspiel der kleinen Plastikflügel, die ununterbrochen ihre Kreise um den kleinen rostigen Draht zogen.

Er war schon lange weg, war längst in seiner neuen Welt, nur dieses Windrad zeugte noch von der Zeit, als er hier aufwuchs.

Einer der Flügel hatte einen kleinen Riß, der bei jeder Runde das Holzstäbchen berührte und ein kleines Ratschen erzeugte.

Die Perkussion dieses Risses und das Farbenspiel ließen sie tief in Gedanken versinken.

Die Realität verschwamm, und ihr erschienen Bilder einer vergangenen Zeit.

Ihr Mann gebärdete sich wie ein Irrer, als sie ihm den positiven B-Test unter die Nase hielt.

Ein Sohn, endlich ein Sohn! Er war total aus dem Häuschen, als stünde auf dem Test gleich das Geschlecht mit drauf.

Sie mußte damals lachen. Das war typisch Mann: Jahrelang auf Nachwuchs warten, und wenn er sich dann endlich einstellte, dann konnte es selbstverständlich nur ein Junge sein.

Zu seinem Glück war es dann auch ein Junge, den sie unter den erst wachsamen, dann feuchten Augen ihres Mannes gebar.

Die Wohnung hatte sich derweil in ein Kinderparadies verwandelt, nach dessen Ausstattung sich so manche Kinderkrippe sehnen würde.

Stolz wurde der Kinderwagen durch die Nachbarschaft geschoben.

Man(n) ging zum Kinderturnen, Fußballplatz, Pfingstausflug.

Nie hatte sie ihren Mann so gelöst und glücklich erlebt.

Kaum konnte der Stammhalter laufen, stand schon ein chromblitzendes Kinderfahrrad im Flur.

Dank väterlichen Coachings konnten die Stützräder bald abgeschraubt werden, und die Männer veranstalteten ihre ersten Fahrradtouren.

Sie konnte sich an keinen genauen Zeitpunkt erinnern, an dem es begann.

Man nimmt ja nicht jede Kleinigkeit auf die schwere Schulter.

Sie bemerkten, daß der kleine Mann beim Absteigen vom Rad Probleme mit dem Gleichgewicht bekam.

Damit begannen die dunklen Wolken über ihrem Idyll aufzuziehen.

Sie erhob sich von der Bank und ging an der kleinen Kapelle vorbei zum Tor.

Hinter ihr drehte sich die bunte Windmühle auf dem kleinen Hügel wie das Rad des Lebens.

M.G.

Himmelfahrt

Ich war ganz aufgeregt. Nun sollte sie beginnen, meine große Fahrt. Jahrelang hatte ich mich darauf vorbereitet.

Nicht mit diesen fauchenden stinkenden Heißluftballonen, nein mit einem Fesselballon.

Das war kein Fliegen, das war Fahren - ein schwereloses Gleiten durch die Luft.

Die Haltetaue waren gelöst.

Ganz gemächlich hob sich der Ballon in die Luft.

Alles unter mir wurde kleiner und kleiner und konnte bald schon nicht mehr von meiner Netzhaut aufgelöst werden.

Da fiel mir beim Beobachten des Höhenmessers auf, daß er nicht weiter stieg.

Ich mußte Ballast abwerfen.

Ich öffnete den ersten Sandsack.

Fein rann der Kies durch meine Finger der Erdoberfläche entgegen.

Bei diesem Anblick dachte ich an meinen Freund, damals in der Kinderzeit. Fast jeden Tag spielten wir zusammen auf dem Spielplatz. Streit gab es selten, und doch war da etwas in einer ganz dunklen Ecke meines Gedächtnisses.

Robert hatte damals so ein ganz modernes Auto zum Aufziehen bekommen. Einen kleinen Rennwagen mit richtigen Gummireifen.

Da konnte mein Schwungradauto nicht mithalten. So sehr ich es mir auch von meiner Mutter wünschte, dieses Rennauto war ihr zu teuer.

Robert hatte nicht mitbekommen, daß ich in einem unbemerkten Augenblick das Uhrwerk so überzog, daß die Feder sprang.

Er war todunglücklich, und ich tröstete ihn auch noch.

Das war gemein von mir, und heute schäme ich mich dafür.

Der Sack war nun leer und riß mich aus den Gedanken. Ich faltete ihn zusammen und verstaute ihn.

Eine Weile später war der Aufstieg wieder vorbei.

Ich griff Sack Nummer 2 und entleerte ihn.

Diesmal rann der Sandstrom in kleinen Turbulenzen der Luft kreisend abwärts, ähnlich wie bei den Versuchen im Physikstudium.

Das war eine verrückte Zeit. Wir hatten gelernt aber noch mehr gefeiert. Und da waren meine Kommilitonen Chris und Tina. Die beiden waren ein Paar.

Nach einer feuchtfröhlichen Feier überredeten wir Tina zu einem Dreier. Am nächsten Morgen war sie verschwunden, und auch Chris hatte nie wieder etwas von ihr gehört.

Heute finde ich das nicht mehr so prickelnd - auch dafür schäme ich mich.

So wie der Sandstrom versiegte, als der Sack leer war, versiegten auch meine Gedanken wieder.

Ich überfuhr jetzt einen See.

Das Wasser so blau wie die Adria, an der ich manchen Urlaub verbrachte, mit meiner Frau. Wir hatten 7 schöne Jahre und 3 Kinder miteinander, als sie die Scheidung wollte.

Der Blick auf den Höhenmesser ließ mich den nächsten Sandsack öffnen.

Der Sand rieselte wie Goldstaub im Licht der Sonne in den Abgrund.

Sie wollte die Scheidung, sie bekam ihre Scheidung und darüber hinaus nur das, zu dem ich vom Familiengericht verurteilt wurde, keinen Pfennig mehr.

Nur den Kindern machte ich Geschenke, die sich ihre Mutter und ihr neuer Freund, dieser Schöngeist, nicht leisten konnten.

Das war schon fies von mir, und ich bereue auch das zu tiefst.

Wieder ging es dank des Abwurfes etwas höher, aber die Nadel des Höhenmessers ging nicht über 300 Meter hinaus.

Einen Ballastsack hatte ich noch. Es war nicht nur der letzte, es war der schwerste.

Er ging auch schwerer auf als die anderen.

Es war inzwischen windstill, sodaß ich meine Position hielt.

Der Sand rann wie Staub zur Erde.

„Staub zu Staub" schoß es mir durch den Sinn. Das war dieser Satz damals, den ich bei der Trauerfeier meiner zu früh verstorbenen Mutter hören mußte, und der mich zu dem Schluß führte, daß die Welt reine Physik war.

Alles konnten wir erklären, wollten wir beweisen und kamen bei den wirklich wichtigen Fragen kein Jota weiter.

Keine Kraft durfte wirken, die wir nicht erforschen konnten.

Schicksal, Liebe, Glauben – alles Firlefanz, zu recht in die Abstellkammer des vergangenen Jahrtausends entsorgt.

Quarks, Neutrinos, Quanten - das waren die wirklichen Herrscher des Universums. Ihre Wirkungen konnten wir messen, indem wir sie in riesigen Ringtunneln aufeinander prallen ließen, um dann aus den Spuren, die ihre Bruchstücke auf Folien hinterließen, die Weltenformel herauszufinden.

Daß ich täglich von Kräften geschützt und versorgt wurde, die an keiner Tafel eines Hörsaals mit Kreide geschrieben auftauchten, ließ ich nicht mehr in mein Bewußtsein.

Aber ich spürte, daß da was war. Nichts Greifbares, nichts was man erforschen, geschweige denn berechnen konnte.

Etwas war da, auch wenn man es ignorierte und verneinte.

Ja, auch meine Ignoranz bereue ich aufrichtig.

Mein Blick geht zum Höhenmesser. Die Nadel bewegt sich wieder.

Sie zieht langsam aber stetig ihre Kreise, bleibt nicht mehr stehen.

Die Gondel steigt dem Himmel entgegen.

M.G.

Ganz in Weiß

„Wir sind heute hier zusammengekommen…."

Die Worte des Pfarrers kamen für ihn wie aus einer fremden Welt. War das hier real?

Er blickte neben sich, hinter einem weißen Schleier erahnte er die Gesichtszüge seiner Sophie.

Wie ein Film lief vor seinem geistigen Auge alles ab, was vor 20 Jahren begann.

Sophie, die Tochter des Nachbarbauern, mit ihren frechen Zöpfen und ihrem noch frecheren Mundwerk. Wie viel Spaß hatten die beiden beim Spielen auf dem Hof und im nahen Wald. Sie sammelten nach manchem Wolkenbruch Schnecken von den Feldwegen und beobachteten im Frühjahr die Kröten, die dann diese querten, um zum Teich zu gelangen.

Noch vor der Schulzeit waren sie sich einig, später einmal zu heiraten, und er mußte, wenn er ihre Lieblingspuppe im Puppenwagen schob, versprechen, daß er später nicht sooft weg sein dürfe wie ihr Vater, der fremde Häfen öfter sah, als seine Familie. Besonders zu Weihnachten solle er immer zu Hause sein. Dieses Versprechen gab er ihr gern, ließ ihn die christliche Seefahrt doch ziemlich kalt.

Er war nur ein Jahr älter als sie, aber das reichte, da man zwar in dieselbe Schule, dort aber nicht in dieselbe Klasse ging. Es gab Zeiten, da dachte er ernsthaft darüber nach, ob er nicht einfach einmal sitzen bleiben sollte. Aber dazu war sein Ehrgeiz zu groß, wollte er doch so bald wie möglich studieren, um Richter zu werden, um die Welt gerechter zu machen.

Aber sie hatten ja die Pausen und die übrige Freizeit. Hier, weit ab vom sozialen Whirlpool der Großstadt, hatten sie eine wunderbare Kindheit.

Später machten sie im Alpenverein die herrlichsten Bergtouren, hatten Aussichten, die sich nur dem ehrgeizigen Kletterer boten und genossen Arm in Arm so manches Alpenglühen.

Nun war ihr ganz großer Tag. Immer hatten sie davon geschwärmt, beim Klang des Hochzeitsmarsches die Kirche zu betreten. Sie taten es gemeinsam, denn ihr Vater war gerade irgendwo vor Kap Horn. Aber sie hatten sich, und alle sollten heute daran teilhaben.

 Er achtete nicht auf die Worte des Pfarrers. Dessen Ausführungen über das Leben der beiden waren für ihn eher Hintergrundgeräusche. Seine Sophie beherrschte sein Denken und Fühlen. Auch daß die Kirche gefüllt war bis zum letzten Platz, drang nicht in sein Bewußtsein. Er mußte nur aufpassen, nicht die richtige Stelle zu verpassen, an der er reagieren mußte.

Und so schwelgte er in der Erinnerung, bis er die Worte hörte „Was Gott zusammengeführt hat, soll der Mensch nicht trennen!"

Jetzt rappelte er sich, gleich mußte es kommen.

Dröhnend setzte die große Orgel ein. Die Bässe der großen Pfeifen brachten seinen Brustkorb in leichte Schwingungen.

Da begann die Sängerin kraftvoll.

„Ave Maria! Jungfrau mild, erhöre einer Jungfrau Flehen, aus diesem Felsen starr und wild soll mein Gebet zu dir hinwehen. Wir schlafen sicher bis zum Morgen…

Mühevoll stützte er sich auf seinen Gehstock, um aufzustehen. Er schaute auf den weißen Sarg, der nun angehoben und an ihm vorbei den Gang entlang getragen wurde.

„Bis bald Sophie!"

M.G.

Abendmahl

Es klingelte an der Tür.

Kurt stemmte sich an seinem Stock aus dem Sessel und ging zur Tür. Das mußte Manfred sein, der Mann vom mobilen Pflegedienst.

Seit Kurt die Pflegestufe eins anerkannt bekam, erschien Manfred jeden Tag und half ihm beim Verrichten der Dinge, die Kurt immer schwerer fielen.

Kurt war eigentlich, jedenfalls aus seiner Sicht, immer ein kerngesunder Mensch gewesen. Er hatte bis zu seiner Pensionierung auf dem Bau gearbeitet, und ihm war keine Arbeit zu schwer und kein Bier zu groß gewesen.

Er qualmte wie eine Dampflok, natürlich ohne Filter, verdiente gutes Geld und gönnte sich davon auch gutes Essen und weite Reisen.

Frauen waren bei ihm eher ein durchlaufender Posten, und keine hielt es wirklich lange bei ihm aus. Er war zwar ein stattlicher Mann aber auch ein Diktator, und die waren bei den Frauen aus der Mode gekommen.

Als dann dieser hartnäckige Husten kam, stieg er um auf Filterzigaretten. Das ließ ihn nicht weniger husten aber gaukelte ihm vor, etwas für seine Gesundheit zu tun.

Nachdem ein Teil des linken Lungenflügels seine Zeit in Formalin fristen mußte, hörte er ganz auf zu rauchen.

Wie es bei Exrauchern so ist, sollte sein Magen das ersetzen, was die Lunge nicht mehr vermochte.

Schnell war er von seinen 75 Kilo auf 120 und stieg die Treppen nun etwas langsamer.

Mit einem stechenden Schmerz in seiner linken Brust meldete sein Herz seinen Anspruch auf Aufmerksamkeit an.

Ja, und nun war er Fünfzig, auf Frührente und mittlerweile an der Tür angekommen.

"Hallo Manfred! Schön, daß Du kommst!" sagte er mit einer Stimme kurz vorm Kehlkopfverstärker.

"Guten Morgen Herr Riebe! Wie geht es Ihnen?"

"Unkraut vergeht nicht, Manfred!" bemühte er sich zu lachen.

Manfred hatte die Einkäufe auch mitgebracht: Knäckebrot, Stilles Wasser, Hühnerbrühe, das volle Programm.

Als Manfred wieder weg war, faßte Kurt einen Entschluß:

Drei Stockwerke über ihm im 8. Geschoß wohnte doch die Frau Mostar mit zweifelhaftem Ruf aber vielseitigen Eigenschaften.

Er hatte sich ja zeit seines Lebens etwas zurückgelegt und hatte ja auch niemanden, den er versorgen mußte.

Einmal wollte er es noch krachen lassen, und Frau Mostar sollte dabei die Regie führen.

Erwartungsvoll saß er nun in seinem Sessel.

Mit Frau Mostar war er sich schnell einig geworden, und sie hatte alles für ihn organisiert.

Sie war nun schon ein ganze Weile beschäftigt, als endlich die Tür aufging und Frau Mostar ins Zimmer kam.

In der einen Hand hatte sie eine Flasche Single Malt, in der anderen ein Whiskyglas und eine Schachtel Dunhill.

"So Kurt, nun trink erst mal was, ich brauche noch einige Minütchen, dann bekommst Du Dein Festmahl."

Dabei kicherte sie wie ein Backfisch.

Kurt drehte den Verschluß auf und trank seit 15 Jahren den ersten Schluck Alkohol.

Dann war es soweit:

Die Fee trat ins Zimmer.

Was sie da vor sich her trug war schon atemberaubend, und er hatte so etwas lange nicht mehr gesehen, geschweige denn genossen.

Es war groß, aber fest und so wie es sich ihm jetzt darbot die Verführung an sich.

Er konnte sich nicht mehr kontrollieren, nahm das Messer fest in seine Hand und stach zu.

Aus dem weit klaffenden Schnitt lief der Saft heraus auf den Teller, hin zum Erbspüree.

Das war das beste Eisbein, das er je gegessen hatte.

Er aß alles auf bis auf den Knochen; das ganze Püree, die Kartoffeln und das Sauerkraut.

Dann öffnete er den obersten Hosenknopf, weil sein Magen um Platz buhlte.

Er öffnete die Schachtel Dunhill, roch an der Zigarette den englischen Tabak, und er zündete sie an.

Seine Lunge konnte, durfte das nicht vertragen, aber nichts in seinem Körper rebellierte.

Er hatte sie fast aufgeraucht, da schaute er Frau Mostar dankbar an und sagte ihr, daß er sich noch nie so glücklich gefühlt hätte.

Frau Mostar lächelte und erwiderte etwas, das er nicht hören konnte.

Sie kam zu ihm und nahm ihm den Zigarettenstummel aus den Fingern und drückte ihn aus und seine Augen zu.

M.G.

Bruderliebe

Hartmut parkte den Wagen im Hof des Krankenhauses. Er stieg aus, ging um den Wagen herum und öffnete

Bärbel die Tür. Als sie ausstieg, warf sie ihm wieder diesen Blick zu.

Sie strich ihren Mantel glatt, und sie gingen zum Eingang und von dort aus auf die orthopädische Station.

Dort verbrachte Christian seit diesem Unfall seine Zeit.

Er passierte im Urlaub mit Bärbel. Es war ihre Hochzeitsreise, und er war so glücklich damals, daß er es übermütig den Felsenspringern gleichtun wollte, im Gegensatz zu jenen, aber die Untiefen und Klippen nicht kannte.

Fünf Jahre lang lag er im Wachkoma, rührend umsorgt von seiner Frau, die so fest an seine Genesung glaubte, daß keiner der Ärzte es wagte, die Möglichkeit einer Beendigung der Versorgung auch nur anzudenken.

Auch sein Bruder Hartmut kam sooft er konnte und saß an seinem Bett. Die beiden waren nach dem frühen Tod ihrer Eltern verbunden wie Pech und Schwefel.

So vergingen fünf Weihnachtsfeste, die Hartmut und Bärbel an Christians Bett verbrachten, aufmerksam auf alles achtend, was eventuell ein Anzeichen für eine Rückkehr Christians in ihre Welt sein konnte.

Irgendwann traf ihn dann zum ersten Mal dieser Blick aus Bärbels Augen. Er wirkte irgendwie sehnsüchtig, was er natürlich auf das verzweifelte Warten auf das Erwachen zurückführte.

In den vielen Stunden, die sie an seinem Bett verbrachten, waren sie sich so nahe in ihrer Sorge um Christian, so nahe in ihren Gefühlen, daß Hartmut manchmal Angst davor bekam, Angst, daß da etwas keimen würde, was niemals wachsen durfte.

Christian war sein kleiner Bruder, den er immer beschützt und der zu ihm immer totales Vertrauen gehabt hatte.

Doch wie ein Virus begann dieses Gefühl von ihm Besitz zu ergreifen, und er spürte, daß auch Bärbel nicht davor gefeit war.

Irgendwann an einem Frühlingstag geschah es dann. Bärbel richtete das Kopfkissen von Christian und Hartmut hob solange dessen Kopf etwas an. Jedenfalls berührten sich ihre Hände und keiner zog seine zurück. Sie lagen übereinander und wie ein Siegel Christians Kopf darüber.

Irgendwie empfanden sie es, als wollte Christian seinen Segen dazu geben.

Sie gingen in die Ecke, in der das Waschbecken stand und küßten sich.

In dem Moment, in dem sich ihre Lippen berührten, vernahmen sie ein schnalzendes Geräusch, dem ein Röcheln folgte.

Für einen Sekundenbruchteil erstarrten sie, um dann zum Bett zu laufen. Christian bewegte seinen Mund. Zwar unkontrolliert, aber anders, als nur einem Reflex folgend.

Bärbel drückte auf den Knopf für den Alarm.

Die herbeieilende Schwester informierte sofort den Arzt und schickte die Beiden aus dem Zimmer.

Das war nun auch schon wieder drei Jahre her und Christian machte Fortschritte, kleine zwar, aber stetige. Er konnte inzwischen nicht nur seine Arme bewegen, nein auch sein Bewußtsein war fast vollständig zurückgekehrt. Wenn er sprach schienen zwar manchmal Silben und Wörter an seinem Gaumen kleben zu bleiben, aber was er sagte, war überlegt und schlüssig.

Bärbel und Hartmut kamen wie immer täglich, nur daß sie inzwischen das Bett teilten.

Vor Christian wußten sie das aber geschickt zu verbergen, und damit auch das Krankenhauspersonal davon keinen Wind bekam, beließen sie es vor und in der Klinik bei dem Blick, der der Spaltpilz war, der Christians Vertrauen verriet.

So sortierten sie ihre Schuld, daß sie diese nur im Krankenzimmer zuließen, sonst aber ihrer Liebe frönten, deren Ursprung ihre gemeinsame Sehnsucht gewesen war.

Nach einem weiteren Jahr, war es dann soweit. Christian saß im Rollstuhl, und Bärbel schob ihn aus der Klinik zu dem Van,der extra dafür angeschafft worden und rollstuhlgerecht umgebaut worden war.

Hartmut schob ihn die kleine Rampe hinauf und schloß die Tür. Dann setzte er sich an das Steuer, und sie fuhren los, in Christians ungewisse Zukunft.

Sie hatten ganz bewußt bis heute gewartet, wollten daß er stark genug für die Wahrheit ist, doch heute sollte das jahrelange Versteckspiel vorüber sein.

Christian war, bis auf die Querschnittslähmung, wieder voll hergestellt, und Bärbel und Hartmut waren der Meinung, daß sie nach den Jahren der Fürsorge und Entbehrung nun Anspruch auf ihr Glück hätten.

Sie hatten 50 Kilometer Autobahnfahrt vor sich und wollten die Fahrzeit nutzen, Christian schonend darauf vorzubereiten, daß er zwar weiter mit ihnen zusammen leben würde, aber nicht mehr mit Bärbel als Frau.

Bärbel machte den Anfang, weil Hartmut damit beschäftigt war, auf den Verkehr zu achten, befuhren sie doch jetzt die Gegenfahrbahn, wegen dieser Großbaustelle. Hier wo statt drei Spuren nun vier waren und nur Plastikbaken die Trennung vom Gegenverkehr bildeten, mußte er mit dem Van achtgeben, zumal heute, am Tag vor dem Sonntagsfahrverbot, zahlreiche Lastwagen diesem vorauseilen wollten.

Bärbel fing behutsam an und wartete immer auf eine Reaktion Christians, die aber ausblieb. Auch als die Katze aus dem Sack war, kam keine Reaktion. Sie stieß Hartmut an, auf daß er doch etwas sagen möge.

Als hätte Christian das bemerkt fragte er von hinten:

"Stimmt das alles, Hartmut?"

Hartmut druckste herum und begann umständlich um den heißen Brei herumzureden, vermied aber jeden Blick in den Innenspiegel.

Hartmut suchte nach Worten.

Da unterbrach ein schepperndes Geräusch die Stille.

Bärbel drehte sich um und sah hinter sich nur die beiden offenen Rücktüren des Van, die hin und her schwangen wie Schmetterlingsflügel.

Sie schrie.

Hartmut erstarrte beim Blick in den Rückspiegel. Er sah, wie der Sattelschlepper hinter ihm den Rollstuhl seines Bruders unter sich begrub.

Er schrie wie von Sinnen, packte das Lenkrad und steuerte den Van, die Plastikbaken niedermähend, in den Gegenverkehr. Das letzte, was er sah, war das entsetzte Gesicht des Reisebusfahrers.

M.G.

Kopfbahnhof

Er saß vor seinem Fernseher und sah eine dieser unsäglichen Volksmusiksendungen. Zwischen einigen Humptas und Tätäres schnürte sich akustisch das rauschende Singen des einen oder anderen ICE in sein fünfzehn Quadratmeter Wohnzimmer.

Sicher, es war nicht groß, aber es war ja auch nicht als Wohnzimmer geplant gewesen. Eigentlich war das ganze Haus nie zu Wohnzwecken gebaut, denn gedacht gewesen. Es war ein alter Bahnhof, dessen Diensträume ihm als Wohnung überlassen wurden.

Seit der neue Bahnhof 20 Kilometer weiter in Betrieb gegangen war, hielt hier kein Zug mehr, waren alle Teile der Station, die früher den Menschen als Bahnhof dienten, zurückgebaut worden.

Ob es nun als Auszeichnung gedacht war oder dem Denkmalschutz geschuldet, er durfte hier für kleines Geld wohnen, wo er früher seinen Dienst versah.

Früher, o ja, was war das für eine Zeit! Eisenbahnzeit halt. Da hatten die Eisenbahner alle noch schmucke Uniformen und nicht diese schwulen Blousons.

Goldene Knöpfe und Rangabzeichen auf den Schulterstücken sortierten Bahner nach Diensträngen und Funktionen.

Es war die Zeit der Dampflokomotiven, die angestürmt kamen wie wilde Büffel und die, bevor sie wieder anfuhren schnauften und stöhnten, schließlich heißen Dampf ausatmeten, um den so manch Drache der Legende sie beneidet hätte.

Und diese Ungetüme folgten ihm, ihm, seiner Pfeife und seiner Kelle, um die manch Junge ihn beneidete.

Er war der Sproß einer typischen Eisenbahnerfamilie. Sein Vater, seine beiden Onkels, sein Opa, alle waren sie Eisenbahner, so wie sein Sohn und selbstverständlich auch sein Enkel Eisenbahner waren, wenn auch inzwischen weichgespült.

Aber das war ihm egal, er hatte den Staffelstab weitergegeben, und wenn die Eisenbahn nun nicht mehr war als ein Wirtschaftsunternehmen, denn eine Institution, er konnte eh nichts dran ändern.

Dieser Bahnhof, in dessen kümmerlichen, mittlerweile völlig funktionslosen Resten er wohnte, war sein ganzes Leben gewesen.

Er winkte als Kind seinem Vater nach, als er im stolzen Feldgrau gen Rußland fuhr, und er weinte vor Freude, als er Jahre nach dem Krieg, von dort zurückkehrend, hier aus dem Abteil stieg.

Mit nur einem Arm war er aber trotzdem in der Wirtschaftswunderrepublik willkommen.

Er fertigte keine Züge mehr ab, aber er verkaufte Fahrkarten, ein Luxus für den heutzutage die Fahrgäste kräftige Aufschläge zahlen dürfen.

So kamen und vergingen die sechziger Jahre, und er war nun der Bahnhofsvorsteher und damit oberster Zugabfertiger.

Ob es der legendäre Rheingoldexpress war oder der TEE, alle folgtem seinem Kellensignal.

Der Dampf wich dem Singen der Elektromotoren und dem dumpfen Dröhnen der Dieselmotoren.

Die Zeit verging, und sein Leben bereicherte sich um Frau und Kinder, und allen war die Schiene heilig.

In den Siebzigern kamen hier die Gastarbeiterzüge aus Anatolien an, mit den Gästen, die nie vorhatten den Gastgeber wieder zu verlassen, und es fuhren die Züge mit den Deutschen ab, die mal nachschauen wollten, wie die Gastarbeiter daheim lebten.

Es gab noch keine Billigflüge, und so war es die Bahn, die beide Ströme bewältigte.

Die Bahn war das Rückgrat des Aufschwungs und sollte es auch bleiben, bis gewissenlose Politiker in den Achtzigern begannen, sie zu verscherbeln.

Was aus gutem Grund Anfang des Jahrhunderts verstaatlicht wurde, sollte nun den Börsenwölfen zum Fraß vorgeworfen werden.

So wurde damit begonnen, an allen Ecken und Enden zu sparen, um die Bahn an die Lobbygeier zu verhökern, die den Politbetrieb der geistig-moralischen Wende mit obs-zönen Spenden korrumpierten.

Und eines Tages traf es auch seinen Bahnhof.

Er wurde für überflüssig erklärt und geschlossen. Nicht einmal für den Nahverkehr blieb er geöffnet.

Und so wohnte er, nun längst pensioniert, in seiner ehemaligen Dienstwohnung, sah und hörte die Züge nur noch vorbeirauschen.

Irgendwann war die Sendung mit dieser Volksmusik zu Ende, und er wollte eigentlich schlafen gehen.

Als er ins Bad gehen wollte, kam er an der Haltekelle vorbei, die an der Wand über seiner Couch ihren Ehrenplatz hatte.

Er nahm sie von der Wand und sah sie fast liebevoll an.Diese Kelle hatte die Dampfungetüme domestiziert und auch die flotten Triebzüge.

Er schaute zur Uhr.

20:37

In 20 Minuten würde der ICE hier durchrauschen.

Sollte er?

Ja! Entschied er. Ja!

Er ging auf den Boden zu der alten Truhe. Da lag alles so ordentlich verpackt, wie seine verstorbene Frau es hinterlassen hatte.

Er paßte besser in die schwarze Uniform als damals und die goldfarbenden Knöpfe glänzten wie in alten Zeiten.

Er nahm die Kelle von der Wand wie eine Monstranz, griff sich die rote Signallampe, lief die Steintreppe nach unten und trat hinaus auf den Bahnsteig.

Am Gleis war alles ruhig, die Nacht regierte bei lauen Temperaturen.

Irgendwann würde sich der ICE aus der Nacht schälen wie ein Riesenwurm und an diesem, seinem Bahnsteig vorbeirasen.

Doch nicht heute.

Heute war es wieder sein Bahnhof. Er würde dem Monster Einhalt gebieten mit seiner Kelle.

Er stand gefühlte 10 Minuten am Gleis, als er das Geräusch vernahm, das ihm so bekannt war, wie das seiner Toilettenspülung.

Der ICE kam.

Nur kurze Zeit später sah er sich dessen Drei-Stirn- Spitzenbeleuchtung aus der Dunkelheit schälen, weil er nun durch die weitgezogene Kurve geschossen kam.

Er stellte sich ganz nah an die Bahnsteigkante und schwenkte die rote Signallampe im großen Kreis als Haltesignal.

Er schaute in die drei gleißenden Scheinwerfer des Triebkopfes, war sich sicher, eine Verzögerung zu erkennen.

Ihm war schon klar, daß dem Lokführer dieser Halt hier völlig unbekannt war.

Doch heute wollte er ihn damit bekannt machen.

Inzwischen beschienen die Scheinwerfer des Zuges das nächtliche Ambiente.Ja, der ICE stoppte, das sah er ganz deutlich.

Was hätte er auch sonst tun sollen, wenn er ihm Halt gebot?

Nach der Dienstvorschrift mußte er, bei außerplanmäßigem Halt, und das war es ja in diesem Fall, direkten Kontakt zum Lokführer aufnehmen.

So stieg er also vor dem bremsenden Zug ins Gleis, um, es überquerend, zu dem Podest zu gelangen, wo die Übergaben stattfanden mit den Lokführern der Güterzüge.

Als er das Gleis überschritt, sah er die Scheinwerfer des ICE in der Größe, wie die Augen der Hunde im Märchen von Hans Christian Andersen mit dem Feuerzeug und der Hexe.

Den Funkspruch des Lokführers hörte er nicht mehr.

„Lokführer Zug 1953 an Leitstelle. Personenunfall an Kilometer 245."

Die Eibe

Endlich hatte er sie, die Fällgenehmigung. Triumphierend ging er vom Briefkasten in das Haus. Er zog seine alte Arbeitshose an und ein großkariertes Hemd, verließ das Haus durch den Hintereingang und ging zum Schuppen. Keine Sekunde wollte er vergeuden.

Bald hatte er alle Geräte zusammen und die große Kabeltrommel abgerollt.

Er stand vor ihr.

Die Eibe ragte vor ihm 5 m in den Gartenhimmel und schien sich der Gefahr nicht bewußt zu sein. Wie sollte sie wissen, daß er sie nur lästig fand, im Wege, Verschattungsobjekt.

Zu Weihnachten holte er sich lieber einen Tannenbaum zum Wegwerfen, als sie zu schmücken und ins Fest mit einzubeziehen.

Er hatte sie nicht gepflanzt und alles was er nicht selber gepflanzt hatte, gehörte auch nicht in seinen Garten. Da war er sehr konsequent.

In allem!

Auf den Naturschutz pfiff er, aber die Eibe war zu groß, zu sichtbar und stand zudem unter dem Schutz des Gesetzes.

Bis jetzt ! Im dritten Anlauf war es ihm endlich gelungen den Sachbearbeiter des Grünflächenamtes zu erweichen, der Fällung des Baumes zuzustimmen. Wahrscheinlich wollte jener aber nur endlich seine Ruhe haben.

Er warf einen letzten siegesgewissen Blick auf den Baum, steckte dann das Kabel der Kettensäge in die Kabeltrommel und schritt zur Tat.

In weitem Bogen regnete das Fleisch des Baumes in Spänen aus dem Schlitz, in dem Millimeter für Millimeter das Schwert der Säge versank.

Als der Stamm halb durchtrennt war, machte er eine Pause.

Spürte er da etwas? Hatte sich etwas bewegt? Nein, das war sicher der Wind gewesen.

Er setzte die Säge an der anderen Seite des Stammes an, um dort einen Keil herauszuarbeiten, der die Richtung bestimmen sollte, in die der Baum fallen sollte.

Er legte abermals eine Pause ein.

Der Baum stand noch total senkrecht, als wäre sein Stamm nicht schon bizarr in eine klaffende Wunde und einen langen Schnitt geteilt.

Er legte die Säge beiseite und begann, vorsichtig von hinten den Stamm zu drücken. Vergebens. Er ging in den Schuppen und holte ein Seil. Er warf es in einem Bogen so hoch er konnte in den Baum, zog das herunterfallende Ende um den Baum herum, so daß er um den Stamm herum eine Schlinge in ca. 2 m Höhe hatte.

Er begann zu ziehen. Nichts. Er ging in den Schuppen und holte den alten Flaschenzug. Er schlug eine schwere Eisenstange in den Boden und befestigte daran den Flaschenzug mit dem Seil.

Nun bemerkte er eine Regung, die Eibe zitterte etwas mit ihren Nadeln, bis sie ganz langsam ihr Gewicht nach vorne verlagerte.

Dann kam der Punkt, wo die noch verbliebenen Holzfasern die Last nicht mehr halten konnten und sie kippte laut knirschend noch vorn.

Er machte einen Sprung zur Seite. Der Baum krachte direkt neben ihm auf den Boden.

Er fluchte!

Ein angebrochener Zweig hatte ihm am Oberschenkel getroffen.

Durch den Riß des Stoffes sickerte etwas Blut.

Er ging ins Bad und zog die Hose aus. Eine kleine Schramme - nicht weiter wild.

Er klebte ein Pflaster drauf, zog sich wieder an und ging wieder in den Garten, um aufzuräumen.

Im nächsten Frühjahr saß ziemlich genau an dieser Stelle die Kaffeegesellschaft im Garten.

Sie hatte viel zu reden.

Über diese Wunde die nicht heilen wollte, die Tetanus-spritze die nicht wirkte, die Entzündung, die Kranken-hausaufenthalte, die Labore die zu keinem Ergebnis ka-men.

Die Verzweiflung als sie ihm das Bein abschneiden muß-ten, weil es dunkelbraun und schorfig geworden war wie ein alter Baumstamm.

Von der noch größeren Verzweiflung, als auch das nichts half, weil irgend etwas immer noch in seinem Körper sein Unwesen trieb.

Die einen Ärzte tippten auf das Taxin die anderen auf Bakterien, doch nicht einmal die Obduktion brachte dar-über Klarheit.

Alle erzählten, was sie wußten und jeder wußte etwas, aber alles Wissen war nicht der Rede wert.

Keiner bemerkte wie aus der Wunde, die er der Eibe zu-gefügt hatte, keine 2 m hinter ihnen, ein kräftiger hell-grüner Trieb wuchs.

M.G.

Der letzte Schlaf

Was bringt mir Krankheit
in vielerlei Variatonen,
wohl zum müden Ende meines
Lebensweges?
Sinds arge Schmerzen,
die ich verspüre,
in meiner letzten Nacht?
Wird manches Schloß,
in sehnsuchtsvollen Türen
der Kammern meines Herzens,
mit all den abgelebten Leben
und ihren Wunden aufgemacht?
Und ängstlich frage ich mich
weiter,was ist wenn mich
mein Geist wohl vor der Reise,
in dieses Nichts,
schon längst verlassen hat?
Wenn man nur wüßt,
wohin der Vogel unserer Sinne,
sich verfliegen tät,
wenn man ein Los in dieser
Art gezogen hätt`,
dass wäre schon ein Trost.
Dann wieder mal,
als letzter Gedanke,
war er da,bevor ich leis`
die grauen Sorgenschafe zählte.

Wenns nur so wär,wie in der Zeit,
da ich mit Traum und ohne,
schlafe,bin ich beruhigt.
Nun auch gewiss,
dass mich der Vogel
meiner Sinne nicht vergisst
und mich in diesem Nichts,
beständig sucht.
Ob Geist in Um- und Nachtung,
ob in der Krankheit bösester Art.
Wir müssens wohl erleiden,
wenns Schicksal steht am Start,
so wie es mag,aufs Los.
Es sind die beiden,
das Schicksal und das Billett,
das jedem von uns eine eigene Nummer
vergeben hat und die beiden,
zwillingsgleich
unsere Leben mit manchem
Ballast füllt.
Und wenn man das Glück und
eine gute Zahl sich zog,
kein Siechtum oder Leid
den Lebensweg verbog,
seelig hinüberschläft.
Sich in der Ewigkeit, geborgen fühlt
in einen letzten Traum sich hüllt.

G.B.

Absynth

Kalt wehte der Wind unter
den Brückenpfeilern hindurch.
Seine Hand krallte sich
um den dünnen
zerschlissenen Schal,
er fror erbärmlich.

Das Feuer war ausgegangen,
genau wie die letzten Sous.
Trocken und aufgesprungen
seine Lippen,
die Hand tastet zur Innentasche,
nahm heraus,
seine letzte Wärme
in der Flasche
gefangen,
genau wie er.

Er war doch mal wer.
War doch mal wer?
Der erste Schluck am morgen,
brennt in seiner Kehle,
in seinen glanzlosen Augen
kalt die Tränen.

Es rinnt warm in seinen Magen.
Bereitet wieder einmal vor,
dass der Traum beginnen kann.
Der zweite Schluck
bringt schon den grünen Nebel
mit seinem milchigen Schleier.

Der dritte Schluck
macht aus dem Elendslager
ein seidiges Himmelbett.
Wenn sich die Nebel teilen
wird sie endlich wieder
zu ihm eilen.

Den vierten Schluck,
den gibt sie ihm,
in ihren weichen Armen.
Da liegt er,träumt sich weit
in eine wundervolle Zeit,
als er und seine Liebsten
vereint und glücklich waren..

Den fünften Schluck
nimmt er schon nicht mehr wahr,
fühlt Hunger nicht und Schmerz
und geht mit ihr hinein
in einen letzten Nebel,
es schlägt nicht mehr
dieses Herz,

das einsam sich durch ein
elendes Leben stahl.

Niemand weint um ihn,
niemand weiß,
wer er war.
Nur die grüne Fee
liebte ihren
 einsamen Clochard.

Studiert und für Recht befunden,
Fairytales für Durstige.
...Mein Thema war fesselnd
für den heutigen Tag.
Es handelte von Toulouse-Lautrec,
Absinth und einem Clochard.
Eine Zeit voller Faszination.

Die grüne Fee und der Clochard,
der Titel.

Ein Märchenthema so wunderbar.
Doch als ein Drama mußts wohl enden
denn die schöne Fee,hielt ein Präsent
in ihren grünen Händen,
das grauselig und nervengiftig
ist und tat den armen Clochard
wohl ins Nirvana oder Irrenhaus senden.

Moment,das ist so auch nicht wahr,
Bei 70% Alkohol kommt man auch ohne
Thujon
ins Delierium..

Le fee ist freigesprochen,

aber der arme,arme Clochard

kam um..

G.B.

Mein Wille geschehe

Schön, daß Du da bist! Ich fühle mich so wohl Dein Gesicht zu sehen, Deinen Blick, Deine Nähe, nur lächeln, lächeln tust Du nie.

Ich liebe Dein Lächeln, warum lächelst, warum lachst Du nicht? Ich kann es doch hören, ich kann es doch sehen, warum tust Du es nicht?

Weil ich es im Moment nicht kann? Schau in meine Augen, ganz tief in ihnen kannst Du mein Lächeln sehen, schau doch bitte, nein schau nicht weg, ist es Dir so unangenehm mich anzuschauen?

Habe ich mich so verändert? Ich kann hier keinen Spiegel sehen. Nur die Lampe über mir, dieses weiße Licht, keine Sonne, dabei weiß ich, daß sie gerade scheint, nur sehen kann ich sie nicht.

Lächel doch bitte einmal. Ich sehe eine Träne in Deinen Augen. Weinen kann ich auch nicht mehr, meine Augen sind trocken. Deshalb bekomme ich von der Schwester Augentropfen.

Warum weinst Du heute nur so, sag es mir doch bitte, hören kann ich doch!

Aber woher sollst Du das wissen. Verdammt, warum verweigern meine Lippen und meine Zunge ihren Dienst? Warum kann ich Dir nicht sagen, daß ich Dich sehe, rieche und daß ich Dich liebe. Ich liebe Dich wegen unserer gemeinsamen Zeit und weil Du jeden Tag kommst, mich hier zu besuchen, an meinem Bett, an diesem Bett, das mich bettet und fesselt, nein, fesseln tut mich mein Körper. Dieser Panzer, der auf mir liegt, wie aus Blei.

Du denkst ich schlafe, ich schlafe nicht mehr als Du, nur bemerkt ihr das nicht, weil ich mich beim Erwachen nicht räkle, nicht gähne, mich nicht bewege, nicht bewegen kann.

Aber ich weiß, daß Du spürst, daß ich denke und fühle.

Sonst würdest Du nicht jeden Tag bei mir sein. Ich schäme mich fast, Dir diese Zeit abzuverlangen, aber ich genieße sie zu sehr.

Warum bist Du heute so aufgeregt? Warum trauriger als in den Tagen vorher?

Du schaust zur Tür. Ich kann sehen weshalb. Der Chefarzt ist eingetreten. Ein netter Mann. Ich habe vor dieser Sache oft mit ihm gesprochen. Wir sind Segelfreunde und haben so manche Seemeile gesurft.

Er hat mich allerdings noch nie angeschaut, also als Arzt schon, aber nicht als Freund. Ich glaube, er schämt sich, weil seine Therapie noch nicht wirkt.

Was sagt er zu Dir? Meine Patientenverfügung. Ja die ist für den Notfall, richtig. Ich will nicht leiden und an Apparaten hängen. Will mein Leben selber bestimmen. Er half mir, diese Verfügung so aufzusetzen, daß sie auch im Falle des Falles wirksam ist. Ich bin also für den Fall der Fälle gerüstet.

Aber warum erwähnt er das jetzt? Mir geht es doch relativ gut, ich habe keine Schmerzen, kann sehen, riechen, denken und lieben. Sie kann ich lieben, die mir die Idee mit der Verfügung damals ziemlich übel nahm, weil sie meinte, ich würde ihr die Entscheidung nicht zutrauen.

Sie weint, sie sagt, sie würde spüren, daß noch aktives Leben in mir ist. Der Doc meint, sie sähe das esoterisch, vom medizinischen Standpunkt aus wäre ich austherapiert.

Austherapiert – ein nettes Wort, er meint eigentlich, das ich tot bin ohne gestorben zu sein.

M A N N , ich lebe, Du Trottel, kauf Dir neue Apparate, wenn diese Dir das nicht zeigen !

Nun erklärt er ihr, daß nach der neuen Gesetzeslage die Patientenverfügung ein stärkeres Gewicht hat als ihr Wort und daß ein Intensivbett, wie das meine, sehr viel Geld koste.

Sie läßt ihren Tränen freien Lauf, und ich würde sie so gerne trösten, ihr sagen, daß sie sich nicht sorgen muß, daß ich gewiß wieder Gewalt über meinen Körper bekommen werde.

Ich kann es nur nicht, nicht jetzt. Aber jetzt ist der Doc am Werk und erklärt mich für hirntot.

Sie kann nur noch schluchzen, sie rennt aus dem Raum. Diesmal hat sie mir nicht einmal einen Kuß gegeben.

Ich bin allein mit dem Arzt.

Er schaut mir immer noch nicht in die Augen. Er legt ein paar Schalter an den beiden Geräten auf meinem Nachttisch um, löscht das weiße Licht und verläßt den Raum.

Ich denke über die Situation nach, vermisse den nicht erhaltenen Kuß meiner Liebsten und versuche einzuschlafen.

Meinen Atemzügen gelingt es aber nicht mehr, meine Lungen bis in ihre Spitzen mit frischer Luft zu versorgen, die fehlende Unterstützung durch den Atemschlauch macht dies unmöglich. Ich würde nach Luft ringen, könnte ich mich bewegen. Meine Bronchien beginnen zu brennen. Ich habe Todesangst und bin mit dieser ganz allein.

Ohne mich bewegen zu können, kämpfe ich gegen den Tod, aber ohne die Apparate habe ich keine Chance.

Patientenverfügung - leicht verfügt, wenn einem nichts fehlt, mich bringt sie nun um. Läßt mich einen schrecklichen Tod sterben, weil keiner meine Schmerzen, die ich vorher nicht hatte, lindert, weil ich schon als tot gelte.

Ich verrecke wie ein angefahrenes Tier im Straßengraben.

Ein Schmerz in meinem Brustkorb . . .

M.G.

In Deutschland liegen ca. 15.000 bis 30.000 Menschen im Wachkoma.

Nach neuesten Untersuchungen von Boris Kotchoubey von der Universität Tübingen, sind bis zu 40 Prozent der Wachkoma-Diagnosen falsch.

Auf der Schwelle

Weiß gekachelt sind die Wände,
an der Decke Leuchtstofflicht,.
kaum noch spür ich meine Hände,
manch Schleier hindert meine Sicht.

Besorgte Minen mich umgeben.
Doch steht die Sorge nur zur Schau.
Theater nur ihr fleiß'ges Streben,
was hinter steckt seh' ich genau.

Die einen, die im weißen Kittel,
voll Sorge von Berufes wegen,
ob Schwester oder Doktortitel
bezeichnen diese Farce als oflegen.

Für sie besteht der Mensch allsin,
aus Knochen, zweihundert an der Zahl,
acht Litern Blut und Innereien
die zu kuriern reicht alle Mal.

Die anderen, die mir bekannten,
die sorgen sich aus and!rem Grund.
Das sind die lieben Anverwandten,
die kämen nicht, wär ich gesund.

Für sie besteht der Mensch im Alter
nur noch aus SsM Krankheit und aus Seid.
Sie spielen gern den Sachverwalter,
gilt es zu scheiden aus der Welt.

Von früh bis spät gebärn sie Worte,
die jahrelang man hat vermißt,
'nem großen Stück der ‚Erbschaftstorte
gilt diese widerliche List.

Ja, Ihr Heuchler hier im Kreise,
was glaubt Ihr wer hier vor Euch liegt?
Es stimmt der Körper, der ist greise,
der Tod doch nur den Stoff besiegt.

In meiner alten welken Hülle
 glimmt auf was lange hat geruht,
bereit zu beenden der Qualen Fülle,
und dies alleine macht mir Mut

Verscharrt nur heuchelnd meine Reste,
ich traure diesem Leib nicht nach.
Füllt Euch den Wamst beim Leichenfeste,
schlagt Euch ums Erbe, mit Zank und Krach.

WeiB gekachelt sind die Wände
an der Decke Leuchtstofflicht.
Ich spüre diesmal and're Wände
als mir jemand auf den Hintern drischt.

M.G.

In ihrem Sinne

Zwei Betten in dem Großen Saal,
umringt von summenden Maschinen,
bergen zweier Menschen Qual,
denen sie als Lager dienen.

Was der Arzt Bewußtsein nennt,
ist entschwunden beiden Wesen,
und was die Medizin nicht kennt,
gibt 's nicht und ist nie dagewesen !

Doch ist es sichtbar allen beiden,
was hier geschieht um sie herum,
sie müssen für sich selber leiden,
für alle ander'n bleib'n sie stumm.

Der eine hat sich aufgegeben,
er wartet auf den sanften Tod,
der and're hängt wie wild am Leben,
doch niemand hört der Seelen Not.

Der, der bereit ist abzutreten,
hält man am Leben, ihm zur Qual.
Er hört wie die Verwandten reden,
sterben darf er auf keinen Fall !

Sie meinen 's gut, denkt er verbittert,
doch denken sie wohl mehr an sich,
denn wenn der Tod auch sehr erschüttert,
dient Trauer nur dem eignem Ich.

Der and're, der beseelt vom Leben,
zum Sterben lang nicht ist bereit,
hört wie die Verwandtschaft eben
traurig bekundet, es sei Zeit.

Zu lange dau're schon sein Leiden,
der Tod wohl die Erlösung sei.
Schleim '- heilig sie darum entscheiden,
er soll ihm gegönnt sein,-Heuchelei !

Als hätten Weisheit sie geborgt,
verlassen sie den großen Raum,
wo nur ein Körper noch versorgt,
den Fluch des and'ren spür'n sie kaum.

M.G.

Herzschlag

Herzschlag erschlägt im Takt
überschnell,
überschlagend,
im Überschall
nimmt Schmerz in Haft.
Schmerzhaft haften bleibt
ein Hall in Kammern
überfließend im Schwall.
Rot die Sicht
im Aug,
der Druck
aderpochend,
messergleich
schneidend,
gurgelnd,
eng.
Unvermögen,
Schrei erstickt,
Band gelöst,
Zeit steht taktlos
im Pendel
still,
silbern,
grell der Blitz.
Diagnose:
Herzschlag

G.B.

Und Lennard fährt zum Weihnachtsmann

„Herr Castell, ich muß Ihnen leider mitteilen, daß Lennard keine Fortschritte macht. Seine Blutwerte werden immer schlechter, und wir sind mit unserer ärztlichen Kunst am Ende."

„Das heißt…"

Er antwortet nicht, verzieht keine Miene, schaut mir aber bis auf den Grund meiner Seele.

Nicht, daß ich damit nicht irgendwie gerechnet hätte; seit einem Jahr wütet der Teufel in Lennards kleinem Körper, ließ sich hin und wieder abbremsen, aber niemals aufhalten.

„Herr Castell, entschuldigen Sie bitte die Frage, aber Lennard fragt nie nach seiner Mutter, und sie war auch noch nie hier. In Anbetracht…"

In Anbetracht wessen ? Außerdem fällt es mir schwer, diese Frau als Mutter zu bezeichnen. Sie lebt nicht mehr hier, sie zieht durch das Land wie eine Zigeunerin und ist nur mit einer Person beschäftigt, mit sich selber, hält sich für eine Autorin, schreibt lieber Kinderbücher für andere, als sich um ihren Sohn zu scheren. Probleme pflegt die Dame auszuweichen, der Junge fragt nicht einmal mehr nach ihr !

„Entschuldigen Sie bitte, das gehört nicht hier her und ist nicht Ihr Problem."

„Sicherlich nicht, Herr Castell, es ist das von Lennard."

Genau, ich verabschiede mich kurz angebunden und will jetzt nur noch zu meinem Jungen.

Ich gehe in sein Zimmer. Man sieht ihm die Strapazen des Therapiemarathons an. Nur seine Augen sind noch voller Lebensfreude.

„Vati, Vati, schau doch mal, ich kann meinen Namen schreiben !"

Er hält mir ein Blatt Papier entgegen, auf dem in Block-buchstaben L E N N A R D steht. Ich schaue zur Schwester, und sie lächelt mich an. Ich bin so froh, daß die Schwester ihm die Zuwendung gibt, um die seine Mutter ihn betrogen hat.

„Papa, bald ist Weihnachten, kann ich da wieder zu Hause sein?"

Ich schlucke, wie soll ich nur reagieren, er würde es spüren, würde ich lügen.

„Ich nehme Dich bald wieder mit nach Hause, Lennard."

Der Blick der Schwester trifft mich wie ein Florett. Doch was will sie?

Ja, er kann jetzt seinen Namen schreiben, aber er wird auch sterben. Doch muß das hier sein?

„Lennard, Du hattest letztes Jahr doch einen ganz großen Wunsch zu Weihnachten."

„Ja Vati, ich möchte den Weihnachtsmann besuchen, die Rentiere streicheln und den Kobolden zuschauen, wie sie die ganzen Geschenke für die Kinder bauen!"

„Lennard, dieses Jahr fahren wir hin, Du und ich!"

Lennard umarmt mich, und die Schwester schaut mich an, als wäre ich reif für die „Psychiatrische".

Ich bleibe noch einige Stunden bei meinem Jungen, bis er tief eingeschlafen ist und gehe dann zur Stationsschwester.

Sie versucht gar nicht erst, mich umzustimmen, denn auch sie weiß, daß Lennard austherapiert ist, und ich erwähne natürlich nichts vom Nordpol, sondern von begleitender Sterbehilfe daheim.

Nach einer Flasche Whisky rufe ich meinen Freund Peter Nilmé in Schweden an. Er hat seinen ‚Absolut' auch schon intus, so daß wir Nägel mit Köpfen machen.

Es braucht 2 Tage für den Papierkram und um über eine Pflegestation Schwester Claudia zu finden, die bereit ist, die Sterbebegleitung auch mobil zu leisten.

Am dritten Tag ist Lennard daheim, es ist gegen Abend, als ich ein bekanntes Geräusch höre. Es stammt von Peters altem Volvo, von dem er sich um keinen Preis der Welt trennen will. Zum Glück ist es ein Kombi, in dem wir alle Platz finden, inklusive des medizinischen Equipments.

Lennard scheint, seit er weiß, was wir vorhaben, seine Reserven zu mobilisieren. Fast vergißt man seine tödliche Erkrankung.

Schließlich sitzen wir im Auto, und es geht ab zum Weihnachtsmann.

Gegen Morgen erreichen wir den Überseehafen in Rostock, wo die Fähre schon ihr Riesenmaul aufsperrt, um Autos und LKWs zu verschlingen, und mittags sind wir schon in Trelleborg.

Von hier aus beginnt unsere lange Reise. Unser Ziel ist Korvatunturi in Finnland, dicht am Polarkreis, dort, wo der Weihnachtsmann wohnt.

Nach sieben Stunden erreichen wir Stockholm, und Lennard schläft tief und fest in meinem Arm. Claudia übernimmt ihn so vorsichtig, daß er nicht einmal aufwacht, und ich Peter am Steuer ablösen kann.

Nach weiteren 15 Stunden und drei Fahrerwechseln haben wir die 1800 km hinter uns und sind am Ziel, in Napapiiri, einem kleinem Ort in Lappland, nördlich von Rovaniemi am Fuße des Korvatunturi, den die Finnen Ohrenberg nennen, weil er Hasenohren nicht unähnlich ist.

Ich trage Lennard in das kleine Gasthaus und lege ihn vorsichtig in sein Bett, um anschließend tief und fest einzuschlafen.

Als mein traumloser Schlaf endet, bemerke ich, wie Claudia den Jungen mit seinen Medikamenten versorgt.

Die Fahrt hat ihn eigenartigerweise nicht geschwächt, er wirkt sehr vital, und ich ertappe mich dabei, an ein Wunder glauben zu wollen. Wenn es welche geben sollte, warum dann nicht hier, warum nicht jetzt ?

Ich schrecke auf, als das Eintreten von Peter mich aus meinen Gedanken reißt.

Es sind nur noch wenige Tage bis Weihnachten, und ich bin immer fester davon überzeugt, daß eine Wendung des Schicksals Lennard die Lebenszeit schenken würde, die ihm auf so grausame Weise genommen werden soll.

Ist er nicht jeden Tag ein wenig kräftiger geworden? Ich nehme mir fest vor, an den Weihnachtsfeiertagen mit ihm wieder das Laufen zu üben, sicher haben seine Beine ihre Kraft wieder zurückerhalten.

Am Morgen des Heiligen Abends ist Lennard als erster munter und aufgeregt wie nie.

„Vati, jetzt müssen wir uns aber beeilen, sonst ist der Weihnachtsmann mit seinem Schlitten auf und davon, bevor ich ihn sehen kann.“

Ich zwinkere Peter zu, der schon alles arrangiert hat und er trägt den Jungen hinaus zu dem Motorschlitten, der uns an den Fuß des Berges bringen soll, und er weiß auch, wo eine Rentierherde ihr Winterquartier hat.

Es dauert nicht lange. Die Scheinwerfer durchschneiden die Polarnacht, die hier 24 Stunden am Tag andauert und strahlen ein Gatter an. Hinter dem Draht stehen ziemlich träge ein paar Dutzend Rentiere, und ihre Augen funkeln im Kunstlicht.

Ich trage Lennard zu der Koppel, damit er das eine oder andere Tier streicheln kann.

Peter schaltet kurz den Motor des Schlittens aus, und wir befinden uns für einen Moment in der großen Dämmerung.

Es ist keine pechschwarze Nacht. Irgendwo scheint noch Restlicht zu sein, und es wird immer stärker. Man sieht die Quelle nicht. Es ist ein Glimmen, das sich stetig verstärkt, ein kühles farbiges Licht, in der Erscheinung dem eines Glühwürmchens nicht unähnlich, nur daß es bald einen größeren Sektor des Himmels erfaßt.

Es ist das Nordlicht, ich habe es noch nie gesehen, nur darüber gehört und gelesen und selbst Peter, mein Schwede sah es selber noch nie.

Ich bin mir absolut sicher, daß dies ein Weihnachtsgeschenk für meinen Jungen ist, ein Zeichen des Himmels. Mein Herz klopft.

Lennard schaut in das Nordlicht, es scheint, als würde er in der Ionenwolke etwas sehen. Er lächelt.

Kann es sein, daß er etwas sieht, das mir verborgen bleibt?

Er bewegt seine Lippen. Ganz leise höre ich das Weihnachtsgedicht, das er gelernt hat. Er sagt es ganz leise auf, stockt nicht ein einziges Mal. Es verläßt seinen Mund in einem Guß, dem verzauberten Licht entgegen.

Als er zu Ende ist, meine ich, das Licht etwas dunkler werden zu sehen, ja es erlischt ganz allmählich.

Wir beide sitzen im Dunklen, seine Hand in meiner Hand.

Es ist totenstill, Lennard atmet nicht mehr.

M.G.

Happy Birthday

Simon hat heute Geburtstag. Er wird acht Jahre alt und hat sich eine Geburtstagsfeier mit seinen Freunden gewünscht.

Seine Eltern erfüllen ihm diesen Wunsch natürlich sehr gerne und haben auch alles geplant. Da Simon nicht zuhause feiert, gilt es alles gut zu verstauen und nichts zu vergessen.

Schließlich geht es mit dem Auto an die große alte Villa am See wo Simon und seine Freunde schon ungeduldig warten.

Die Geschenke werden ungeduldig ausgepackt und Simons Augen glänzen. Das kleine rote Auto würde er am liebsten sofort auf dem Boden herumschieben.

Seine Freunde bekommen auch alle kleine Geschenke über die sie sich riesig freuen, und dann kommt die große Überraschung. Der Vater hat für alle Luftballons mitgebracht und eine kleine Flasche Helium dazu. Bald waren alle Ballons gefüllt und nur das schmale Plastikband hindert sie sich Richtung Decke zu verabschieden.

Dann singen sie mit den Kindern ein paar Lieder, jedes nach seinem Vermögen und wer durfte bekam auch die eine oder andere Süßigkeit.

Simon wird immer ruhiger und atmet schwer. Er schaut mit Augen aus dem jeglicher Glanz verschwunden ist, seine Eltern an und sagt, daß er sehr müde sei.

„Dann leg Dich hin Simon und ruh ein wenig." Spricht seine Mutter, ihm zärtlich die Wange streichelnd.

Simon schließt seine Augen.

Die Schwester tritt an sein Bett und fühlt seinen Puls, schaut die Eltern an und nickt nur ganz langsam und bestimmt.

Die Tränen die beim Abschiedskuß auf seine Stirn fallen, spürt er nicht mehr.

Sie gehen durch die große Tür zu der Bank auf der Terrasse vor dem Kinderhospiz, Simons Luftballon noch in der Hand.

Sie schauen sich traurig aber gefaßt an und lösen den Griff um die Plastikschnur.

Der Luftballon steigt empor, wird immer kleiner und fliegt dem Jungen hinterher.

M.G.

Bindungen

Früh brachen sie von der Mönchsjochhütte auf. Vorbei an den Resten des ausgebrannten Berggasthauses am Jungfraujoch ging es zum Rottalsattel.

Immer wieder zog das Dreigestirn der Berner Alpen die Männer an, sich mit ihnen zu messen.

Noch lange hatten sie sich nicht sattgesehen an dem Panorama des Berner Oberlandes.

Nach 3 Stunden lag der Gipfel nicht mehr allzu weit entfernt. Die Steigung betrug gut 45°, und sie waren sehr konzentriert, da unter ihnen der Berg steil in das Rottal abfiel.

Es war keine sehr schwere Strecke, da hatten sie schon ganz andere Berge bezwungen, und bisher hing noch keiner von ihnen jemals im Seil, waren sie immer genauso gesund aber um vieles befriedigter heruntergekommen, als sie heraufgekommen waren.

Die junge Sonne stand am Vormittagshimmel und wärmte den Berg. Das Eis glänzte wie Silber. Heute stieg er als zweiter. Sein Freund bahnte und bestimmte den Weg, und er folgte in dessen Spuren.

Wie es genau geschah, bemerkte er nicht. Es war wohl ein leichtsinniger, nicht sorgfältig gesetzter Tritt gepaart mit der Glätte des angetauten Eises.

Er rutschte aus und fiel auf sein linkes Knie. Geistesgegenwärtig schlug sein Partner seinen Pickel tief in das Eis. Er suchte mit dem rechten Fuß Halt, den er aber nicht fand. Also drückte er sich langsam mit dem linken Bein ab, um so dem rechten Fuß mehr Radius zu geben, festen Halt zu finden. Da gab das verharschte Eis auch auf der anderen Seite nach. Er fiel auf den Bauch und rutschte den Hang hinab bis ihn das gestraffte Seil hielt.

Er atmete schwer.

Von oben rief sein Freund: „Spreiz die Beine und preß die Füße ins Eis. PRESSEN !"

Der hatte gut reden, da war ja nichts zu pressen. Er spürte wie der Abgrund versuchte, ihn zu greifen, um ihn zu verschlingen.

„Ganz ruhig, atme ganz ruhig!" kam nun wieder so ein kluger Rat, als wüßte er nicht, daß es in dieser Höhe schon wichtig ist, richtig zu atmen.

Er spürte einen steten Zug am Seil. Langsam kam er vom Seil gestützt in die richtige Richtung in Bewegung.

„Ja, weiter so, gleich ist es geschafft"

In diesem Moment riß das Seil.

Er wurde in die Tiefe gezogen und seine Sinne schwanden.

Als er wieder zu sich kam, fühlte er wie ein Stück des Seiles auf seinem Körper lag und seine Wange getätschelt wurde.

„Ein prächtiger Junge!

Herzlichen Glückwunsch!"

Sein Schrei hallte durch den Kreißsaal.

M.G.

Der Zwilling

Es war kurz nach halb Drei, als ihn dieses Gefühl übermannte. Und er wußte, daß es ratsam war, sich Gewißheit zu verschaffen.

Seit ihrer Kindheit kannte er dieses Gefühl. Sie waren, wie Zwillinge es zu tun pflegen, unzertrennlich, aber wenn es dann doch vorkam, daß sie getrennt waren, blieben sie irgendwie miteinander verbunden. Und wenn der eine in Problemen steckte, blieben sie dem anderen über dieses „Band" nicht verborgen. Nicht, daß der eine dann wußte, was der andere gerade tat, aber es war dieses Gefühl da, das ihnen gebot, sich um den anderen zu kümmern.

Sie hatten ja Glück, daß ihr Vater, ein altsprachenbegeisterter Oberstudienrat, sich mit den Namen Castor und Pollux, nicht gegen ihre Mutter durchsetzen konnte, die ihnen, auch nicht sehr originell, die Namen Karl und Heinz verpaßte. Vielleicht hatte sie ja im Hinterkopf die Zeitersparnis, wenn sie beide gleichzeitig rufen wollte.

Wie nicht anders zu erwarten, hatten beide dieselben Interessen, dieselben Lieblingsfächer in der Schule und machten anschließend dieselbe langweilige Banklehre. Nach dieser blieben sie sogar bei derselben Bank, allerdings in unterschiedlichen Abteilungen. Karl widmete sich der Immobilienfinanzierung und Heinz wurde Investmentbanker.

So wurden sie zwar räumlich voneinander getrennt, blieben aber informativ auf das engste verbunden.

In wenigen Sekunden war die Verbindung über den Atlantik aufgebaut. Er hörte das Freizeichen und kurz darauf die Stimme von Heinz.

Dieser war froh mal wieder in seiner Muttersprache mit jemandem reden zu können. Schnell war klar, daß keine Probleme im Raum standen, und daß das Wetter bei beiden wunderschön war an diesem Spätsommertag.

Man verabredete sich fest für Weihnachten, das in der Heimat ungleich schöner sei, vor allem wenn die ganze Familie sich dann versammeln würde.

Das Gespräch ging seinem Ende entgegen, und Karl erzählte noch kurz eine lustige Begebenheit von seinem Dackel.

Heinz lachte und drehte sich zur Fensterfront seines Büros.

Einen Herzschlag lang dachte er, er wäre in einem Traum, einem surrealistischen Albtraum. Keine hundert Meter vor ihm raste der riesige Bug eines Flugzeuges auf ihn zu.

Den Einschlag in den Tower bekam er schon nicht mehr mit.

„Der Teilnehmer ist zur Zeit nicht zu erreichen", drang statt der Stimme seines Zwillingsbruders an sein Ohr.

Naja, sowas kam vor. Er legte sein Telefon wieder an seinen Platz und ging zum Fenster und schaute hinaus.

Das Gefühl, das ihn getrieben hatte, seinen Bruder zu erreichen, war verschwunden.

Plötzlich meinte er so etwas wie einen kurzen Ruck in seinem Kopf zu spüren.

Irgend etwas schien sich in ihn hineinzuschleichen. Etwas was ihn vor langer, sehr langer Zeit verlassen hatte, und das nun heimkehrte.

M.G.

Kling Glöckchen klingelingeling

Johannes war ein Junge, der eh schon Probleme hatte stillzusitzen, aber heute war er besonders zappelig.

Das lag nicht nur daran, daß heute der Weihnachtsabend war, sondern daran, daß er heute endlich seine Mutter wiedersehen durfte.

Johannes war 7 Jahre alt und hatte seine Mutter nun schon 2 Jahre nicht mehr gesehen, seit sie erst nach Köln und von dort aus direkt in den Knast kam.

Sie war zwar nicht die Hellste, brachte es aber immerhin, durch die Unterstützung ihrer Mutter, zu zwei Semestern Lehramtsstudium, welches sie mit Erfolg abbrach.

Sie wäre im Nürnberger Milieu sang und klanglos untergegangen, wäre nicht Einestages Rolf als Weißer Ritter erschienen und hätte sie aus ihrem Schlamassel gezogen.

Die Zeit verging und auch die Ordnung seines kleinen Reihenhäuschens vor der Stadt.

Sie gebar ihm nicht nur 3 Kinder, sondern auch jede Menge Probleme mit ihrer Fertigkeit nichts fertig zu bekommen.

Johannes, der Jüngste, war gerade fünf, als die Polizei vor der Tür stand und das ganze Haus durchsuchte.

Sie hatte ihre Drogensucht, im Gegensatz zu ihrem Alkoholkonsum, zwar erfolgreich vor Rolf verstecken können, nicht aber vor der Kriminalpolizei.

In der Szene verrät halt jeder jeden und so schlossen sich hinter Ihr die Gefängnistore.

Nach anderthalb Jahren kam sie dann zwar auf Bewährung heraus, aber Rolf wollte sie nicht mehr aufnehmen, nicht als Vorbild für drei heranwachsende Kinder.

Er finanzierte ihr eine kleine Wohnung in der Altstadt.

Da die Scheidung immer noch nicht vollzogen war, besuchte er sie ab und an um, außer Ihr Geld zuzustecken, die erforderlichen Dinge zu klären und jedesmal stolperte er in ihrem Korridor durch die Parade leerer Flaschen.

Sie war körperlich ein Wrack, hatte ihren Körper mit allem vergiftet dessen sie habhaft werden konnte.

Als es nun auf Weihnachten zuging, bat sie ihn, doch wenigstens an diesem Tag ihre Kinder sehen zu dürfen.

Rolf überlegte, grundsätzlich hatte er nichts dagegen, aber die älteren beiden Kinder, hatten gar kein Interesse daran, ganz im Gegenteil, Brigitte, ihre Tochter, verleugnete sie total und war eher die Tochter der Frau, die nun bei Rolf wohnte.Aber Johannes, geistig etwas zurückgeblieben, liebte seine Mutter immer noch und ihm wollte Rolf eine Weihnachtsfreude machen.

Also versprach er Silvia, den Jungen am Weihnachts-abend vorbeizubringen.

So setzte er ihn ins Auto und fuhr zu ihrer kleinen Wohnung und brachte ihn zu Silvia.

Die beiden fielen sich in die Arme und Rolfs Augen wurden feucht.

Abrupt wandte er sich um und fuhr nach Hause.

„John, setz Dich!" sagte sie „ich schaue mal ob ich den Weihnachtsmann schon irgendwo sehen oder hören kann."

Sie lief aus dem Zimmer.

Johannes hörte es rascheln und klappern, da er aber mit seiner Playstation spielte, maß er den Geräuschen nichts besonders bei.

Dann aber merkte er auf, eine Tür klappte, und es begann laut zu klingen, als würden viele kleine Glöckchen geläutet.

Er zappelte wie wild, hielt es nicht mehr länger aus und rannte in den Flur.

Die Wohnungstür war zu, der Flur leer.

Er öffnete die Tür und sah in das Treppenhaus.

Es war dunkel und er schaltete das Licht an.

Er ging zum Treppenabsatz und sah die vielen Klangkör-per.

Es waren dutzende von zerschlagenen Pfandflaschen, deren Überreste wie grüne und braune Kristalle den Kopf seiner Mutter umrahmten, der am Hals merkwürdig abgeknickt, in einer Blutlache auf dem Podest, eine halbe Treppe tiefer, lag.

M.G.

Warum ?

Ich kannte schon
sehr früh eine Stimmung
die sich schwer
und lähmend auf mich legte.
Monotone Erzählungen
bannten mich
an meinen Lieblingsplatz,
unter dem Tisch.
Kindliche Freude hielt inne.

 Denn betroffen hörte ich
klagendes Weinen,
das mein erst noch
intensives Spiel unterbrach.
Ich sah nur Hände,
die sich wie flatternde Flügel
eines gefangenen Vogels,
auf dem Schoße bewegten.
Sah nicht den Schmerz
und diese endlose Trauer .

Denn Furcht beherrschte ,
ja, hinderte mich,
in panische Augen zu sehen.
Verließ mit gepresstem Atem
niemals meine Perspektive.
Flüsternde beschwichtigende Worte
drangen in mein noch schuldloses

kindliches Sein.
Doch ein Trost für ein junges Leben
war es kaum.
Vibrierend ,
verhängnisschwanger
prägte sich auf immer in mein Herz,
der Klang einer grausamen Melodie.
Denn das Leid schluchzte im Raum.
Das waren keine verzauberten Märchen.
Auch nicht die Heldensagen,
die ich so liebte
und damals atemlos vernahm.
Oh nein,es war grausame,
nackte Wahrheit
und gemeinstes Menschentun.
So stellte ich noch sehr jung,
schonungslos meine Fragen.
Etwas später kamen Bilder,
ja Bücher hinzu,
die mir gewisse Aufklärung gaben.

Doch immer eindringlicher
wurde mein Fragen.

Was mich fast täglich bewegt,
auch in dieser modernen Zeit.

Warum ...warum... warum nur
beginnen wir immer wieder neue Kriege?
Warum ...warum... warum nur,
schlagen wir immer noch

schuldloses Leben ans Büßerkreuz?
Warum ...warum... warum nur,
wird unterdrückt das Anderssein,
der Glaube ,den ein jeder für sich hat?
Warum ...warum... warum nur,
liegt es an der Farbe einer Haut,
dass sie als Grund dem Hass genügt,
und niemand dem
wahren Menschsein vertraut?
Oh ja...
auch ich trage nun Hass in mir.
Verabscheue in höchstem Maße
die Dummheit in der Welt.
Immer wieder wird sie
wie ein Spiegel zeigen,
wie faul und träge
auch heute noch das Denken währt.
Aus Fehlern wurde nicht sehr viel gelernt.
Und darum bin ich schuldbewußt,
auch wenn mein Leben
damals noch nicht existent.
Weil dieses quälende
WARUM,
immer noch, wie eine
niemals verlöschende
Trauerkerze in meinem
Herzen brennt.

G.B.

Wenn sich die späten Nebel dreh'n

Ganz dicht stand er neben der alten Gaslaterne.

Er schaute nach oben. Warmes Licht strömte aus den Glühstrümpfen und projizierte wie eine Laterna magica die Bilder der Erinnerung in sein Gehirn.

Er sah, wie er mit den anderen Jungen hinter dem Laternenanzünder herlief, der damals pünktlich dafür sorgte, daß die Straße ordentlich beleuchtet war.

Dabei sangen sie den Gassenhauer „Lampenputzer ist mein Vater".

Geputzt wurde die Laterne auch, diente sie doch den Hunden der Umgebung als Schwarzes Brett.

Bis fast nach oben war er geklettert, um ja seinen Vater als erster sehen zu können, wie er, als geschlagener Soldat, aus dem Ersten Weltkrieg zurückkam.

Oft war sie im Spiel auch der Marterpfahl an dem der arme Winnetou mit Taubenfeder im Haar auf Old Shatterhand wartete, um befreit zu werden.

Dann sah er Lili und wie sie ihm den ersten Kuß gab und Marleen, wie sie sich vor 2 Jahren hier von ihm verabschiedete.

Hier im Arbeiterbezirk hingen am 1.Mai an den Laternen traditionell die Roten Fahnen, und wenig später bekamen sie ein Schwarzes Kreuz als Zugabe.

Statt Straßenkämpfen zogen nun des öfteren Landser im Gleichschritt vorbei, und auch er ging bald mit gemischten Gefühlen durch das große Tor.

Heraus kam er wieder in Uniform, und auf der prangte ein Adler mit weitausgebreiteten Schwingen.

Diese trugen ihn weit, sehr weit weg, und er erlebte wie aus den Schlachten das Schlachten wurde.

Irgendwann konnte er das nicht mehr aushalten. Als er wieder einmal zu Hause seine Mutter besuchte und erfuhr, daß sein Vater gefallen war, riß er sich den Adler von der Brust.

Er lief auf die Straße und rief immer, daß der Wahnsinn endlich aufhören muß.

Der Glühstrumpf erlosch und überließ nun der Morgendämmerung die Beleuchtung der Szene.

Er wandte seinen Blick ab und sah wie einer der Kettenhunde ihm ein Pappschild um den Hals hing, gefolgt von einer Schlinge, die der andere über die Anstellhaken der Laterne geworfen hatte.

Nun trat der Feldgendarm gegen den Schemel, auf dem er stand, und das letzte was er hörte war das Lachen der beiden.

M.G.

Nach dem Krieg wurden die Ordnungstruppen der Wehrmacht vom Nürnberger Militärtribunal vom Vorwurf, eine verbrecherische Organisation gewesen zu sein, im Wesentlichen ausgenommen.

Die Feldgendarmerie wurde nach dem Krieg von den (West-) Alliierten als Ergänzung ihrer eigenen Militärpolizei herangezogen und blieb unter Waffen.

Platananeallee

„Was das für Bälle sind ?

Das sind Früchte, mein Junge.

 Ja, auch ganz normale Straßenbäume tragen Früchte, nur tragen sie sie nicht für uns."

„Das ist ein Platane, Blätter wie ein?

Richtig, Ahorn ! Und Früchte wie eine Eiskugel, die auf den Rasen fiel.

 Ohne Früchte und Blätter erkennst Du sie am sich nackig machenden Stamm!"

Mein Enkel schaut mich fragend an, und ich halte diesen Ball in meiner Hand und reise zurück.

Zurück aufs Land, zu jener Platanenallee, die zu dem alten Gutshof führte.

Auf der Allee lagen in jedem Herbst so viele Früchte herum, daß wir Jungen sie links und rechts in den Straßengraben kickten.

Es war aber nicht Herbst, es war Frühjahr, und es sproß kein Maigrün, sondern es hagelte Eisen, es waren die Endzuckungen des tausendjährigen Reiches.

Mein Bruder Michael lag nicht weit entfernt als HJ-Helfer mit seiner Panzerfaust und seinen Kameraden der Realschule im Straßengraben, statt sonst auf meiner Cousine Silke.

In dieser Zeit war uns jungen Leuten so ziemlich alles egal, die Olympiade war vorüber, der Krieg verloren und wir wollten nur eins: leben !

Diese Bällchen rollten auf der Straße hin und her.

Unsere Schule schloß wegen „Feindbeschusses" , und ich hatte eigentlich keine Aktionen mehr erwartet.

Doch wie der Fluch der bösen Tat, folgte ein Fliegerangriff, der mich in den Straßengraben hechten ließ.

Es waren viele lange Minuten, in denen mein Kopf dort steckte, wo sonst die Platanenfrüchte keimten.

Motorengeräusche holten mich ins Jetzt zurück.

Es waren 3 Kräder der Feldgendarmerie.

Kaum, daß sie standen, sprangen die Führer aus ihren Beiwagen und stürmten in das Gutshaus am Ende der Platanenallee.

Dort war seit 2 Monaten ein Stab der Wehrmacht stationiert, der die Aufgabe hatte, die Rheinbrücken zu bewachen.

Nun, da der Krieg sein gefräßiges Haupt gen Boden neigen mußte, hatten die Wehrmachtsoffiziere, im Glauben auf das baldige Ende des Schlachtens, versucht die Zivilbevölkerung zu schonen.

Um so mehr überraschte mich das Feuer aus den Waffen und vor allem, daß Wehrmacht auf Wehrmacht schoß.

Am nächsten Tag war Ruhe in der Platanenalle.

Die Bäume standen treu und fest wie immer , nur daß einige Offiziere, die bis dato treu und fest zum Führer standen, ziemlich fest gehenkt an ihren Hälsen die Tragfähigkeit der Platanen testeten.

Ich nahm die obskure Parade der Hingerichteten ab und wunderte mich ob manches Ritterkreuzes, das unter dem Strick von Heldenhaftigkeit schwätzte.

Das war also das Heldentum, für das uns unser HJ-Führer begeistern wollte. Getötete Helden machten Platz für noch zu tötende.

Mir wird übel. Nicht von den Kugeln in meiner Hand, sondern von der Erinnerung an diese Allee in ihrer schlimmsten Zeit.

Ich nehme meinen Enkel in meine Arme, und er versteht nicht, warum ich weine.

Wann wird man je versteh 'n ?

M.G.

Zitat aus Wikipedia:

Nach dem Krieg wurden die Ordnungstruppen der Wehrmacht vom Nürnberger Militärtribunal vom Vorwurf, eine verbrecherische Organisation gewesen zu sein, im Wesentlichen ausgenommen.

Die Feldgendarmerie wurde nach dem Krieg von den (West-)Alliierten als Ergänzung ihrer eigenen Militärpolizei herangezogen und blieb unter Waffen.

Die Buche

Zu Füßen jener alten Buche,
die manches Leid sah dieser Welt,
gleich einem großen Leichentuche,
wogt kräftig gelb ein Weizenfeld.

War sie doch erst ein junger Stamm,
als der Franzosen Größenwahn
sich festfraß in des Winters Schlamm,
und tausenden das Leben nahm.

Sie freute sich an and'ren Tagen,
wenn ihr zu Füßen halb im Schatten,
verliebt sich in den Armen lagen,
die noch so vieles vor sich hatten.

Die Träume mancher jungen Leute
erfüllten sich jedoch fast nie.
Der Traum spielt morgen, das Schicksal heute
und das kennt keine Harmonie.

Und sah der Baum bisher Kosaken,
lagert heute hier das rote Heer,
im Kampf mit weißen Kakerlaken
fällt manch Revolutionär.

Nach des Bürgerkrieges Schrecken
fall'n der blinden Säub'rungswut,
zum Opfer viele rote Recken,
unnütz vergossen wird ihr Blut.

Und wieder dröhnen die Geschütze.
Ein Heer von Narren rückt heran,
mit Totenköpfen an den Mützen,
erblendet voller Rassenwahn.

Den Lebensraum im Osten suchend,
bringen sie Terror, Tränen, Blut,
im Winter jedoch, leise fluchend,
verreckt so mancher von der Brut.

Und jenem den der Wahn verdroß
und verweigerte den Blutbefehl,
ein Ast als Henker dienen muß,
das tötete des Baumes Seel'.

Heut steht der Baum als tote Hülle
auf dem Hügel über'm Weizenfeld.
Hier floß das Blut in großer Fülle,
doch fließt es ständig auf dieser Welt !

M.G.

Du sollst nicht töten

Ihr Sachsen, wer schlachtete Euch hin ?
Der große Karl auf Gottes Geheiß !
Und Ihr Söhne der Wüste, wer metzelte Euch ?
Die Kreuzritter, wie wohl jedermannn weiß !

Und Ihr deutschen Bauern, wer verriet Euch
im Kampf?
Die Fürsten zuerst, dann auch Martin Luther !
Und wer meuchelte Euch, Ihr Hugenotten ?
Des Franzosenkönigs so fromme Mutter !

He, Indio wer hat Dich ermordet ?
Die Spanier seiner katholischen Majestät !
Und Du Indianer, wer nahm Dir alles ?
Die weißen Siedler mit Gewehr und Gebet !

Und Ihr gefall'ne Soldaten aller Nationen,
Wer trug die Schuld an Eurem Tod ?
Gesegnete Waffen, geweihte Kanonen !
Wenn Jesus noch lebte, vor Scham wär er
tot!

M.G.

Entschuldigt

Aug' in Aug' sie sich fixieren,
wohl ist keinem in der Haut.
Bei einem ist's unsich'res stieren,
beim anderen nur Angst man schaut.

Dem einen ziehen lauter Zweifel ,
durch den Kopf und martern ihn.
Der andere kann nichts begreifen,
nur nackte Angst erfüllt sein Hirn.

Die Hemmungsschwelle ist doch höher,
als er sich vorher hat gesagt,
der Schritt vom Menschen zum Zerstörer
gelingt nie, wenn 's Gewissen plagt.

Doch wenn man schöne Worte findet,
ist das Gewissen bald besiegt,
wenn man dann objektiv auch schindet,
Einer muß es tun - oh, wie man lügt.

Die Hände packen den großen Hammer
und dreschen auf die Kreatur,
die taumelt, fällt, es ist ein Jammer,
wie pervertiert man die Natur.

Der erste Teil ist nun erledigt,
das Messer raus, ich stoße zu.
Am Sonntag in der Morgenpredigt,
da findet meine Seele Ruh'.

Rasch ergießt sich auf dem Boden,
das Blut aus dem Einstichkanal,
Den Metzgermeister hört man loben,
war gar nicht schlecht für 's erste Mal.

M.G.

Angeln macht Spaß

So zehn bis zwanzig Minuten döste ich vor mich hin, vor mir die Angel, an deren Haken ein fetter Wurm hing und deren Schwimmer auf und nieder wippte.

Es war hier ein herrliches Stück Erde, ein tiefblauer See, umgeben von steilen, bis zur Hälfte grünbewachsenen Bergen, deren Spitzen silbern von dem dort ewig liegenden Schneefeldern im Lichte der Sonne blitzten. Die Sonne war noch nicht sehr hoch im Firmament, es war noch Frühling, und der letzte Schnee schmolz erst vor wenigen Wochen.

Überall begann sich nun Leben zu regen, und der ewige Kreislauf der Natur begann auf 's Neue. Die Partner aller Kreaturen hier suchten und umwarben sich, um sobald wie möglich an den Nachwuchs zu denken und so ihren Teil zur Evolution beizusteuern.

Da begann sich langsam mein Magen zu rühren. Da ich seit gestern Abend nichts mehr zu mir genommen hatte, empfand ich doch ein recht unangenehmes Hungergefühl.

Plötzlich wurde ich abgelenkt von dem Paarungsspiel zweier Libellen. Sie schwirrten durch die Luft dicht über der Wasseroberfläche und hatten sich bald Kopf ineinander verhakt. So schwebten sie einem verunglückten Kreis nicht unähnlich über den See.

Von links kam ein Wasserkäfer mit seinen eigentümlichen Schwimmbewegungen an die Wasseroberfläche, nahm Luft und entschwand auf dem gleichen Weg.

Einen halben Meter nach rechts hatte zwischen den Seerosen eine fette Wasserspinne ihre Schwimmglocke gebaut in die sie unaufhörlich mittels ihrer behaarten Beinen Luftbläschen von "oben" holte und in ihre Glocke entweichen ließ.

In einer Blechdose unweit vom Ufer hatte es sich ein Flußkrebs derweil gemütlich gemacht und suchte bei seinen Ausflügen den sandigen Boden des Sees nach Eßbarem ab. Da überkam mich plötzlich wieder der Hunger, riß mich aus meinen Gedanken und ohne viel zu überlegen getrieben von diesem stechenden Gefühl des Hungers schnappte ich nach dem Wurm.

Ein rasender Schmerz machte sich in meinem Oberkiefer breit der erst endete, als der grinsende Mann am anderen Ende der Angel mich mit einem Schnitt hinter meine Kiemen tötete.

M.G.

Fairytale

Wieder war es diese schmerzende Zeit. Weihnachten, als würde ihr das irgendetwas anderes als Schmerzen bereiten.

† 30. Januar 1972

Kayleigh sah dieses Datum nun schon seit fünfunddreißig Jahren, immer und immer wieder, jeden Tag, wenn sie auf dieser Bank auf dem Friedhof von Derry saß und auf den Grabstein schaute.

Es markierte den Todestag von Fynn, ihrem Verlobten, der an diesem Tag von den Engländern erschossen wurde.

Fynn war kein Aufständischer, er war ihr Mann, und er lag dort mit all ihren Plänen: Plänen für eine Familie, ein kleines Geschäft in Derry und ihre Zukunft.

Alles war wohlüberlegt, und auch ihre Familien hatten den Beiden Unterstützung zugesagt.

Ja, und dann erschossen die Engländer ihren Fynn.

Nicht weil er ein Aufständischer war oder sie angegriffen hatte. Er war, wie man so schön sagt, nur zur falschen Zeit am falschen Ort.

Es war noch nicht einmal ein Schuß, der ihn sofort getötet hatte, aber an diesem Blutsonntag waren die Krankenhäuser, weil völlig unvorbereitet, nicht in der Lage, allen Opfern die medizinische Hilfe zukommen zu lassen, die notwendig war, und so verblutete Fynn in ihren Armen auf dem Flur des Krankenhauses.

„Uns selbst allein", das Motto der IRA, war sein letztes Flüstern, bevor sein Herz aufhörte zu schlagen.

Das war nun Jahrzehnte her, und selbst die britische Regierung gab inzwischen zu, daß das Handeln ihrer Armee am Blutsonntag nichts weiter war als Mord.

Nur, was nutzte Kayleigh dieses späte Bekenntnis?

Sie hatte die Kinder nicht geboren, die sie sich gewünscht hatten, sie hatte demzufolge auch keine Enkelkinder, obwohl die Kleinen in ihrer Straße sie Grandma nannten.

Andere Frauen hätten vielleicht einen anderen Mann geheiratet, aber nicht Kayleigh.

Die Liebe, die beide teilten, war zu rein und zu tief, nie wäre es ihr in den Sinn gekommen, Fynn auszutauschen.

So verbrachte sie nun ihre Zeit auf der kleinen Bank vor Fynns Grab und trauerte der Liebe nach, die ihnen nicht vergönnt war.Neben dem Grabstein stand ein Ginster. Irland, durch den Golfstrom klimatisch begünstigt, ließ ihn nicht ganz erkahlen, und so hatte er selbst jetzt zur Weihnachtszeit noch viele seiner kleinen Blätter.Ein leichter Wind ließ seine Äste einen langsamen Tanz vollführen, und der zog sie in seinen Bann.

Nein, es waren nicht nur Blätter, die sich dort bewegten.

Ja, sie konnte nicht mehr so gut sehen wie früher, aber daß da etwas anders war als sonst, das entging ihr nicht.

Sie versuchte das Geschehen zu fixieren.

So richtig gelang ihr das nicht, es wirkte wie ein übergroßes Glühwürmchen, aber es war nicht nur ein Leuchten, es schien auf sie zuzufliegen, aber sehr, sehr langsam.

Sie dachte an die alten irischen Sagen über die Feen und das kleine Volk und war nun hellwach.

Aber immer wenn man etwas ganz genau inspizieren will, dann entgleitet es einem.

So wie man auch die allerschönste Schneeflocke zwar für Sekunden sehen, aber niemals einfangen kann.

Aber da war etwas, das war eindeutig und leuchtete nicht nur, sondern bewegte sich auch.

Das Leuchten wurde nicht nur intensiver, sondern auch der Lichtkegel wurde größer.

Kayleigh stand auf, ging direkt darauf zu. Vor dem Busch blieb sie stehen und kniete nieder.

Da schälte sich mitten in diesem irrlichternden Schein ein Gesicht aus dem Ungefähren und ließ ihr Herz wild pochen.

Es war das Antlitz von Fynn.

Und es war nicht nur ein Abbild. Es schaute sie an, die gleiche Liebe ausstrahlend, die beide nur allzu kurz leben durften.

In Irland sinken die Temperaturen selten unter den Gefrierpunkt, aber Kayleigh fröstelte es.

Sie war hin und her gerissen zwischen der Erinnerung und diesem Ereignis.

Ihre Sinne schwanden.

Am Weihnachtsfeiertag fand man sie und brachte sie in das rechtsmedizinische Institut von Derry.

Kayleigh und Fynn hinterließen keine Kinder , Fynn nur ein Grab in dem Kayleigh im Januar bestattet wurde.Die Geschichte wäre nun zu Ende erzählt, gäbe es nicht Stimmen, die sich absolut sicher sind, daß in Tara ein Ehepaar aufgetaucht sei, das sehr glücklich und zufrieden dort lebte und im nächsten Frühjahr ein Baby erwarten würde.

Aber kann man den Iren und ihren Geschichten trauen ?

M.G.

Wir machen was aus

Ich steh in Gedanken an dem gelben Pfahl
warte auf den Bus da spricht mich wer an.
Hallo altes Haus, wie geht es Dir denn?
Haben uns lang nicht geseh'n, was macht Frau und Kind?
Hallo, mein alter Freund, wie schön, das wir uns seh'n.
Wir müssen unbedingt mal ein Bier trinken gehen!
Hallo, mein alter Freund, ja auch ich hab grad zu tun,
doch wir machen was aus!

Ich wende den Blick, es ist Wolf-Dieter,
die hohe Stirn, derselbe Bart
mein Schulfreund von früher
und noch immer per Rad.
Hallo, mein alter Freund, wie schön, das wir uns seh'n.
Wir müssen unbedingt mal ein Bier trinken gehen!
Hallo, mein alter Freund, ja auch ich hab grad zu tun,
doch wir machen was aus!

Wir drückten die Schulbank,
zusammen streßten wir Kameraden
und Eltern, doch noch mehr die Lehrer
und hatten auch sonst einen Riesenspaß.
Hallo, mein alter Freund, wie schön, das wir uns seh'n.
Wir müssen unbedingt mal ein Bier trinken gehen!
Hallo, mein alter Freund, ja auch ich hab grad zu tun,
doch wir machen was aus!

Beruflich gingen wir andere Wege,
der Freundschaft tat das keinen Abbruch,
wir gründeten zeitnah unsre Familien
und hatten die hübschesten Töchter der Welt.
Hallo, mein alter Freund, wie schön, das wir uns seh'n.
Wir müssen unbedingt mal ein Bier trinken gehen!
Hallo, mein alter Freund, ja auch ich hab grad zu tun,
doch wir machen was aus!

Das Leben ist leider, keine Routine,
und manchmal läuft eine Freundschaft leer.
Erst sieht man sich nur selt'ner und irgendwann nie mehr.
Keiner will es wirklich, doch es geschieht.
Hallo, mein alter Freund, wie schön, das wir uns seh'n.
Wir müssen unbedingt mal ein Bier trinken gehen!
Hallo, mein alter Freund, ja auch ich hab grad zu tun,
doch wir machen was aus!

An den Marken unserer Wege fahre ich heute wieder vorbei,
das kleine Kaffee am S-Bahn-Bogen, Dein Schlachtensee,
Dein Grunewald.
Unter den großen märkischen Kiefern, zwischen Findlingen
eingerahmt,
klafft ein Loch einmal zwei Meter, in das sich langsam Dein
Sarg absenkt.
Ruh sanft mein alter Freund, wie schön, das wir uns kannten!
Wir können nun leider kein Bier mehr trinken gehen!
Ruh sanft mein alter Freund, ja auch ich hatte immer zu tun,
doch wir machen was aus…

Wir danken Ihnen für Ihre Aufmerksamkeit

Herzlichst

Ihre

Glenda Benning

und

Ihr

Mark Galsworthy

© Glenda Benning

www.glenda-benning.de

Kurzgeschichten mit Pfiff

Die Geschichten Galsworthys beruhen auf scheinbar ganz normalen Alltagsszenen. Der Autor aber ist ein Meister darin Verborgenes aufzudecken. Seien es nun Absurditäten oder potentielle Freuden.

Er erweist sich als literarischer Vivisekteur, dem beides gelingt, er seziert bis es weh tut, aber er kann auch kitzeln bis zum Lachanfall.

Conrad Cortin 8.November 2009

ISBN: 978-3-8391-3468-9

Biografie

Dies ist die wahre Lebensgeschichte der Maria Windecker. Sie wurde im Kriegsjahr 1940 geboren und erlitt ihre Jugend in den fünfziger Jahren.

In der Bipolarität des Aufbruchs in das Wirtschaftswunder und der bayerischen Familientradition wurde sie zum Spielball männlicher Vorherrschaft. Die Wunden, die ihrem Körper zugefügt wurden, sind verheilt, die ihrer Seele nicht.

ISBN: 978-3-8391-5245-4

153

Dies ist eine Geschichte über Leopold Herzog.

Er wurde im Jahre 1896 als erster von 6 Söhnen des Fabrikanten Paul Herzog geboren, und als erster seiner Brüder zog er im Jahre 1916 für seinen Kaiser in den Krieg.

ISBN   978-3-8391-8541-4

Die frühen Jahre

Auf der Suche nach Unterlagen für mein letztes Buch „Der Musketier des Kaisers",fand ich im Nachlaß meiner verstorbenen Mutter, einige vergilbte Manuskripte.

Diese waren sozusagen meine "Erstlingswerke", geschrieben Ende der Siebziger in Drumnadrochit, einer kleinen Anhöhe in den Highlands über der Urquhart Bay des Loch Ness.

Meine Mutter hatte sie gehütet wie einen Schatz, schrieb ich sie doch in der Heimat meines Vaters.

ISBN: 978-3-8391-9889-6

...und zweitens als man denkt!

ISBN: 978-3-8423-3899-9

Und es geht weiter !

Mark, Du hast es geschafft!

Ich sitze hier, salzene Tränchen rollen, ich schaue vor mich hin in den Spiegel zupfe mich zurecht und will ganz schnell weiterlesen, ein Buch voller Gefühl und voller menschlicher Tiefe.

Ich bin sprachlos, nur mein Herz spricht.

Du schaffst es, meinem Herzen und meiner Seele die Gefühle zu entlocken, die im wahren Leben oft nicht erwünscht sind.

Bei diesem Buch kann man seinem Herzen folgen und allen Gefühlen freien Lauf lassen.

Danke Mark!   In tiefer Verbindung   Deine Anke Fischer

Besuchen Sie mich gerne auf

www.galsworthy.de.

Ich freue mich auf Sie